Política exterior

¿continuidad o ruptura?

RESEÑA DE UN DEBATE

GABRIEL SILVA LUJÁN

Política exterior

¿continuidad o ruptura?

RESEÑA DE UN DEBATE

Fondo Editorial
CEREC

CEI
Centro de Estudios Internacionales
UNIANDES

Primera edición: 1985

© Fondo Editorial CEREC
   A.A. 58308 Bogotá, Colombia.
   ISBN: 958-9061-07-9

Edición: Martha Cárdenas
Coordinación Editorial: Taller de Servicios CEREC
Carátula: Felipe Valencia
Composición de textos: Servigraphic Ltda.
Impresión: Editorial Presencia

Serie Política Internacional No. 4

INDICE

AGRADECIMIENTOS

La publicación de este libro fue posible gracias a los expertos que aceptaron colaboraborar con este proceso de diálogo y creación; y al apoyo amplio del Centro de Estudios de la Realidad Colombiana, CEREC, la Universidad de Los Andes y la Fundación Friedrich Ebert de Colombia, FESCOL. Así mismo, estos agradecimientos van dirigidos a Alvaro Tirado Mejía, Presidente del CEREC, Fernando Cepeda Ulloa, Decano de la Facultad de Derecho de la Universidad de Los Andes, Berend Hartnagel, Director de FESCOL y Klaus Schubert Ex-director de dicha entidad. Igualmente valiosos fueron los comentarios de Dora Rothlisberger, Profesora de Política Internacional del Departamento de Ciencia Política de la mencionada Universidad; Rodrigo Pardo, Coordinador del Centro de Estudios Internacionales de Uniandes; Ricardo Santamaría, Secretario Ejecutivo del CEREC y Juan Tokatlian, experto en relaciones Internacionales.

Adicionalmente, mis especiales agradecimientos a Martha Cárdenas, Directora del Fondo Editorial del CEREC y Alberto Díaz del Taller de Servicio a las Ciencias Sociales del CEREC, quienes estuvieron a cargo de la edición del libro. A María Teresa González y Urbano Trujillo en la parte de mecanografía. Por último, cabe destacar que esta publicación es el resultado del esfuerzo conjunto y la colaboración de estas personas y entidades.

PRESENTACION

El Centro de Estudios de la Realidad Colombiana, CEREC, promovió recientemente un seminario de expertos en Política Internacional sobre el tema "DOS AÑOS DE POLÍTICA EXTERIOR DEL GOBIERNO DE BELISARIO BETANCUR". El objetivo de esta reunión fue avanzar en el desarrollo de una primera interpretación y evaluación global de la política exterior de la actual administración.

Las razones que motivaron este ejercicio fueron, en primer lugar, el reconocimiento de la necesidad de impulsar el debate y el análisis sistemático de los vitales problemas de las relaciones internacionales del país. Igualmente, se ha querido dar continuidad a la discusión sobre la política internacional del Presidente Betancur ya iniciada en reuniones anteriores promovidas por CEREC, FESCOL y la CAMARA DE COMERCIO DE BOGOTA, durante 1982 y 1983, en los cuales participaron la mayoría de los expertos asistentes al Seminario.

En segundo lugar, generalmente los análisis realizados hasta hoy sobre la política internacional del Presidente Betancur se han limitado a explorar los alcances, las limitaciones o las implicaciones de los aspectos parciales o sectoriales que conforman toda la estructura de la estrategia de relaciones internacionales. La novedad de los distintos componentes, y sus potenciales alcances, explican por qué se ha enfatizado el estudio segmentado de la actual política exterior. Por ello, después de dos años de apego a las principales directrices de la política internacional, y teniendo en cuenta que se ha entrado en una etapa en la cual necesariamente se están concretando las diferentes iniciativas abordadas, el momento parece propicio para enrumbar el debate hacia una primera interpretación global de la política exterior. Es desde esta perspectiva que se desarrolló el ejercicio de discusión y análisis que se recoge en este libro.

Esta publicación es el producto final del seminario y en ella se presenta una versión de relatoría de la discusión, que no compromete ni institucional ni personalmente a los asistentes, a la cual se le añadió un capítulo inicial para poner en contexto histórico el problema de las relaciones internacionales y describir los lineamientos, en grandes rasgos, de la política exterior del país en los últimos sesenta años.

La exposición de los distintos puntos de vista se ha ordenado de manera que refleje por si misma la dinámica del debate y el enriquecimiento progresivo del análisis, a medida que se clarificaron posiciones, se encontraban terrenos explicativos comunes o se definían diversos campos interpretativos. De tal forma que el lector no encontrará el ordenamiento lógico y la rigidez de un texto académico sino más bien la variedad y dinámica de un coloquio entre expertos. Igualmente, es conveniente anotar que la cadencia y la profundidad del contenido está estructurado de manera que mantenga la agilidad, la riqueza y la informalidad del debate que se llevó a cabo.

El material que aquí se presenta no es una evaluación definitiva de la política exterior del gobierno de Belisario Betancur, ya que ese no era el propósito especificado para el ejercicio de discusión llevado a cabo. Más bien, es un aporte valioso y significativo para la clarificación y la definición de las principales líneas interpretativas y evaluativas sobre lo que ha representado para el país el esquema de política internacional que por más de dos años ha determinado la vinculación de Colombia con el contexto exterior.

EL CEREC y la Fundación Friedrich Ebert de Colombia, FESCOL, quieren expresar sus especiales agradecimientos a los participantes en el Seminario por su valioso aporte, que aquí se recoge, puesto que indudablemente representa una significativa contribución al debate y la comprensión de las complejas realidades de la política internacional contemporánea de Colombia.

ALVARO TIRADO MEJIA
Presidente del CEREC

GABRIEL SILVA LUJAN
Editor - Relator

PROLOGO

La política internacional —la propia y la del resto del mundo— no ha sido un tema prioritario en el quehacer intelectual de los colombianos. Nuestras aficiones van por otros lados. López Michelsen dijo, alguna vez, que nos sobraban juristas y nos faltaban expertos en política internacional. Quizás aquí tiene exagerada vigencia aquello que se repite hasta la saciedad, y sin mayor asidero, en sociedades más desarrolladas cuando se afirma que la política internacional no da votos y, seguramente, tampoco produce ganancias individuales.

La verdad es que, entre nosotros, la política internacional ha estado casi siempre protegida por el secreto de estado. Tan sólo algunos iniciados se han aproximado a ella. Congreso, partidos políticos, medios de comunicación, universidades, apenas si la consideran. Ni hablar de los gremios. A no ser que exceptuemos esa organización excepcional que es la Federación Nacional de Cafeteros, institución que, hasta donde se sabe, ha manejado con reconocido profesionalismo y máxima discreción un aspecto clave de nuestra política exterior como es el de colocar nuestro principal producto en mercados internacionales y obtener un precio adecuado. Tanta seriedad y eficacia la quisiéramos todos para la Cancillería colombiana.

15

Nadie niega que la Administración Betancur le dio a la política internacional una importancia desusada en nuestro medio. Esa circunstancia coincidió con el interés que unos cuantos académicos habíamos decidido otorgarle al tema ya desde finales de la administración Turbay Ayala. Un ejemplo de esa nueva preocupación es la promoción del Centro de Estudios Internacionales de la Universidad de los Andes, y, luego, la del Seminario sobre Política Exterior de Colombia en la Cuenca del Caribe, organizado conjuntamente con la Escuela de Estudios Internacionales Avanzados de la Universidad Johns Hopkins, Colciencias y la Fundación Friedrich Ebert de Colombia, FESCOL, el cual fue clausurado por el entonces Canciller, Carlos Lemos Simonds y que contó con la participación de los especialistas que, entonces y ahora, han sido protagonistas del debate tanto sobre la política exterior del Presidente Reagan como alrededor de la cuestión centroamericana y el significado del Grupo de Contadora. Me refiero a académicos de la talla de Abraham Lowenthal, Richard Feinberg, Riordan Roett, Bruce Bagley, Wolf Grabendorff, Gerhard Drekonja, Pierre Gilhodes y, del lado latinoamericano, Mónica Hirst, Milton Messina, Andrés Serbin, Juan Gabriel Tokatlian, Sergio Aguayo, Fernando Barrocal Soto, Alfredo Vásquez Carrizosa, Rafael Rivas, Rodrigo Botero, Germán Jaramillo, etc. Otro testimonio fue la publicación del libro del profesor Gerhard Drekonja, "Colombia: Política Exterior" y, luego, de su segunda versión "Retos de la Política Exterior Colombiana". A este esfuerzo estuvo asociado el Centro de Estudios sobre la Realidad Colombiana CEREC y, por supuesto, el Departamento de Ciencia Política de la Universidad de los Andes.

Fue así como el nuevo proyecto de política exterior colombiana encontró un terreno abonado para la controversia pública y el análisis sistemático. Y así ocurrió. Resultaría muy difícil hacer el recuento de los foros, las mesas redondas, los debates, que realizamos tanto en Bogotá como en Medellín y en otras ciudades, así en los recintos universitarios, como en las Cámaras de Comercio o en otros escenarios. Una y otra vez, un grupo de académicos expusimos nuestra interpretación sobre el significado de esta política, sus antecedentes, su vinculación con el interés nacional, su mayor o menor originalidad. Personalmente me correspondió llevar este debate a foros internacionales, así en Caracas como en ciudad de México, Santiago de Chile, Washington D. C., Turín, Ginebra y, recientemente, en Madrid y en Nashville.

Un hito muy importante de este interés de los grandes centros sobre nuestra política exterior fue el Diálogo Colombia-Estados Unidos, co-patrocinado por la Facultad de Derecho de la Universidad de los Andes, el cual tuvo lugar en la ciudad de Washington. Un grupo de muy distinguidos colombianos conversó con un grupo similar integrado por norteamericanos en torno de las relaciones Colombia-Estados Unidos y, sobra decirlo, sobre el significado de la política exterior colombiana. El Embajador Alvaro Gómez Hurtado y el Canciller Rodrigo Lloreda Caicedo le dieron con su presencia la mayor significación a este encuentro. Una nueva edición de este diálogo tendrá lugar en forma preliminar en el próximo mes de Octubre aquí en Bogotá y, luego, en el mes de mayo en la ciudad de Washington, esta vez como la anterior, bajo el patrocinio del Wilson Center.

El libro que Gabriel Silva ha preparado sobre los dos primeros años de la política internacional de la Administración Betancur es una genuina expresión del interés político y académico que suscitó esta dimensión del actual gobierno. El ejercicio de síntesis acometido por el politólogo Gabriel Silva es de mayor utilidad en una sociedad en la cual este tipo de reflexión carece de apoyo institucional que permita la elaboración de trabajos rigurosos que hagan cuidadosa referencia a nuestro pasado histórico y que puedan beneficiarse, al mismo tiempo, del uso apropiado de las fuentes de información a las que tienen acceso inmediato nuestros colegas norteamericanos y europeos y algunos latinoamericanos.

Si en nuestra historia se hubiera realizado una tarea semejante con respecto a cada uno de nuestros gobiernos, otra sería la percepción de nuestro papel en el concierto de las naciones, y otra, ciertamente, habría sido nuestra actitud frente a la vida internacional. El método resulta un poco heterodoxo. Opiniones emitidas en diferentes momentos por diversas personas a propósito de temas muy concretos, en unas ocasiones, muy generales, en otras, aparecen aquí recogidas en apretado resumen sin atribución individual, sin reconocerle mayor o menor mérito a nadie en particular, y como cobijando a todos en una presentación que seguramente no deja contento, en lo personal, a ninguno de ellos. Con todo, el esfuerzo vale la pena. La contribución que se hace al entendimiento de nuestro acontecer político es muy apreciable. Quienes participamos en estas amables conversaciones sobre nuestra política exterior hemos ido dejando, aquí y allá, el testimonio personal de nuestros propios pensamientos en escritos de periódicos, en trabajos académicos y en palabras que el viento se ha llevado. Lo hemos hecho de buena fe, con el deseo de acertar y más con el sentido pedagógico de introducir a los colombianos en el tratamiento de estos temas que con el propósito de alabar o demeritar a algüien,.

Desde mi perspectiva, he dicho que la política internacional de las administraciones anteriores fue coherente con el interés nacional. Y, con respecto a la del Presidente Betancur, he afirmado que la suya es coherente con el proyecto doméstico de reconciliación nacional y que por ello también se acomoda al interés nacional. La vinculación entre el proceso de paz en Colombia y la situación centroamericana, así como la prioridad que a este último aspecto le ha dado la administración Reagan, es uno de los factores que ha contribuido a colocar en un lugar pre-eminente en la agenda internacional la diplomacia presidencial puesta en marcha por Belisario Betancur. Ello explica también que Bogotá se haya convertido en una especie de escala necesaria para un numeroso grupo de personalidades de todas las tendencias políticas que vienen a inquirir por la naturaleza y el alcance de la política internacional colombiana y que quieren, también, dejarnos sus propias visiones sobre la delicada cuestión centroamericana.

No quiero aprovechar este prólogo para tomar ventaja con respecto a los muy distinguidos colegas cuyas opiniones en este libro junto con las mías, sin que ellos o el que esto escribe sepan a ciencia cierta que es lo que les pertenece. Pienso que valoran, tanto como yo, el trabajo preparado por Gabriel Silva y la iniciativa de llevarlo a cabo que me obliga a evocar los nombres de Klaus Schubert y Juan Gabriel Tokatlian y, ahora, a exaltarle la voluntad de dar este libro a la publicidad como un propósito mancomunado de CEREC, FESCOL y, no podía faltar, el Centro de Estudios Internacionales de la Universidad de los Andes.

Quiero sí hacer mención de dos aspectos de la política exterior de la administración Betancur que fueron objeto de nuestras controversias. El primero se refiere al fallido intento por modernizar nuestra Cancillería la cual sigue sufriendo todos los vicios y las fallas del pasado. Y así lo reconocen en voz baja los diplomáticos colombianos que repiten, hoy como ayer y antes de ayer, las mismas historias que todos conocemos sobre su ausencia de profesionalismo, por decir lo menos. El segundo de ellos hace relación a la manera como fue posible poner en marcha una nueva política exterior contando con el apoyo de importantes personalidades que jugaron un papel estratégico en el diseño de las políticas de las administraciones anteriores. Una buena demostración del "consenso ampliado" que a mi entender ha generado este esquema de política internacional entre nosotros.

El lector va a encontrar en las líneas que siguen una descripción, la más completa existente hasta ahora, de la política exterior de la presente administración, con los argumentos a favor y en contra, con las perplejidades, las dudas y las vacilaciones con respecto a ella y algunas previsiones en lo referente a la diplomacia económica que adquieren, en este momento, una vigencia inusitada que la colocan en una luz que, para algunos, puede dar lugar al debilitamiento de ese consenso ampliado y la discusión sobre el grado real de autonomía alcanzado.

FERNANDO CEPEDA ULLOA

Bogotá, Abril de 1985

PARTICIPANTES

FERNANDO CEPEDA ULLOA
GERHARD DREKONJA
LUIS JORGE GARAY
MARCO PALACIOS
DORA ROTHLISBERGER
GABRIEL SILVA
KLAUS SCHUBERT
ALVARO TIRADO MEJIA
JUAN TOKATLIAN

JUAN MANUEL SANTOS*
GILBERTO ARANGO LONDOÑO*
JORGE GUZMAN MORENO*
PIERRE GILHODES*

* Estos expertos no asistieron al seminario reseñado pero sus ideas, expresadas en eventos similares, de alguna manera también se integraron al debate.

I
Un poco de historia*

* Este capítulo no es producto de la discusión llevada a cabo en el seminario. Se incluyó por considerarse que era conveniente introducir, previamente al debate sobre la política internacional actual, algunos elementos históricos básicos que colocarán en perspectiva la política exterior del país. Este resumen se basa en: Gerhard Drekonja. RETOS DE LA POLITICA EXTERIOR COLOMBIANA. CEREC, 2a. edición. Bogotá, 1983.; Gerhard Drekonja y Fernando Cepeda, "Colombia", en G. Drekonja y J. Tokatlían. TEORIA Y PRACTICA DE LA POLITICA EXTERIOR LATINOAMERICANA. CEREC, 1a. edición. Bogotá, 1983.; Gabriel Silva. COLOMBIA 1982; ANTECEDENTES Y PERSPECTIVAS. Iris y Servicios de Información Ltda. Bogotá, 1982.

La poca de Ricardo

... ...
... ...
... ...
... ...

La política exterior de Belisario Betancur se ha constituido en un nuevo hito o etapa en el desarrollo de las relaciones internacionales del país, tanto por la novedad de las estrategias implementadas como por sus consecuencias regionales, el contenido mismo del discurso y las implicaciones que muestra sobre la política nacional.

La correcta comprensión y la evaluación de la política internacional del gobierno exige su ubicación dentro de lo que ha sido la tradición nacional en materia de relaciones exteriores, puesto que sus posibilidades, limitaciones y alcances están estrechamente ligados a las restricciones históricas que se desprenden de la herencia que dejó el último medio siglo de política exterior.

El marco de relaciones internacionales dentro del cual se ha movido la política internacional del país, desde el decenio de los veinte, está definido por la temprana y creciente integración de Colombia a la esfera de influencia directa de los Estados Unidos. Después de los difíciles incidentes diplomáticos que rodearon el desmembramiento de Panamá, propiciado por los Estados Unidos, la actitud reconciliadora de ese país y la resignación de los gobiernos colombianos, favoreció el surgimiento de una estrecha relación política y económica entre ambas naciones. Este fue el cimiento sobre el cual se construyeron cerca de sesenta años de política exterior nacional.

El "respice polum" (mirar al polo), como lo definiera y defendiera Marco Fidel Suárez, se convirtió en el fundamento conceptual sobre el que se tejieron las relaciones internacionales de Colombia desde los años veinte. La respuesta reparadora norteamericana al incidente de Panamá fue la piedra sobre la que se edificó la nueva doctrina de las relaciones internacionales colombianas. Los privilegios de tránsito sobre el Canal, la indemnización de 23 millones de dólares, la reafirmación de la soberanía colombiana sobre el Archipiélago de San Andrés y el inicio de una larga tradición de asistencia técnica para el desarrollo, fueron las ofrendas que llevaron a Colombia a arrojarse, casi que sin condición, en brazos de Estados Unidos.

La depresión económica mundial de los años treinta fortaleció las ataduras de Colombia con el "Gigante Norteamericano". El primer presidente liberal desde 1886, Enrique Olaya Herrera, retomó los lineamientos definidos por la doctrina Suárez diez años antes y se convirtió en un impulsador definitivo del estrechamiento de las relaciones bilaterales con los Estados Unidos, como eje neurálgico de la política exterior colombiana. La Segunda Guerra Mundial, y la política de "Buena Vecindad" propagada por Roosevelt, afianzó la relación especial de Colombia con Norteamérica, imprimiéndole definitivamente el carácter de estado-cliente a la posición internacional del país.

En general, durante los años treinta, el liberalismo se compromete a fondo con el fortalecimiento y defensa de una política exterior alineada con las directrices estadounidenses. Aquí cabría mencionar que el contexto internacional, donde se perfilaba un conflicto mundial entre la "democracia" y el totalitarismo fascista, coadyudó a que el Partido Liberal asumiera ese compromiso en la arena internacional. Complementariamente, las diferencias ideológicas entre los dos partidos tradicionales, el liberal y el conservador, se presentaban en dicha coyuntura de manera relativamente paralela a la polarización entre el campo democrático y el fascismo europeo. Los Estados Unidos eran entonces la ejemplarización internacional de la defensa del modelo democrático-liberal. No hay que olvidar la admiración de Laureano Gómez por el modelo franquista y su intento de reproducir esquemas institucionales inspirados en el corporativismo totalitario italiano y español.

La vinculación a los derroteros fijados por la "Estrella del Norte" en materia de relaciones internacionales, sumado a la lealtad incondicional en la arena hemisférica e internacional, son los elementos centrales que subyacen, casi que permanentemente, toda la concepción, formulación e implementación de la política internacional colombiana durante el siglo XX. Esta relación especial con los Estados Unidos se tradujo también en la consolidación definitiva de la influencia norteamericana sobre los procesos políticos y económicos internos, al tiempo que fortaleció la presencia de la inversión extranjera norteamericana, y la aceptación del dólar como moneda patrón. La fortaleza de los lazos entre los lineamientos de la política exterior de los Estados Unidos, y de sus intereses geopolíticos y estratégicos, con el accionar colombiano en el campo internacional se hizo aún más evidente a partir de la constitución del Sistema Interamericano.

La Segunda Guerra Mundial implicó, además de la destrucción masiva de gran parte de la infraestructura económica, la supresión definitiva del sistema mundial de relaciones políticas y económicas estructurado desde la culminación de la Primera Guerra. En ese contexto de posguerra, los Estados Unidos se enfrentaban al reto de reconstruir el orden mundial de manera que pudiera garantizar la supremacía militar, política y económica de Occidente frente al naciente bloque socialista. Con ese fin, la política exterior norteamericana diseñó toda una nueva infraestructura institucional y política a nivel regional, de tal forma que América Latina quedara integrada firmemente a la esfera de influencia y control político de los Estados Unidos.

Las realidades de la guerra fría, y de la competencia Este-Oeste, llevaron entonces a la definición de un conjunto de tratados y acuerdos internacionales orientados a permitir y consolidar la dirección estadounidense en la acción y movilización internacional de los países latinoamericanos. Al mismo tiempo, se afirmaba la economía capitalista de mercado como el esquema socioeconómico apropiado para la organización social en la región.

Colombia estuvo a la cabeza de América Latina en el proceso de conformación de dicho sistema, y el alto nivel de actividad de la clase dirigente nacional en favor de la institucionalización de los organismos regionales, la Organización de Estados Americanos (OEA) y el Tratado Interamericano de Asistencia Recíproca (TIAR), marcó desde finales de la década de los cuarenta el compromiso irrestricto del país para con la defensa del orden internacional hemisférico de posguerra. La consolidación del Sistema Interamericano es entonces un episodio adicional que reafirma la línea de política internacional que se había adoptado, tempranamente, desde finales de los años veinte.

La lógica de esta relación, al igual que ocurrió con otros países "modelo" en Asia y Africa, desembocó en una situación en la cual la posición de Colombia en el concierto internacional caminó invariablemente al ritmo que insinuaba o solicitaba Washington. Es así como el ejército colombiano fue el único de América Latina que participó en la Guerra de Korea, y el país se convierte en el socio siempre solidario de los Estados Unidos, ya sea para aplicarle la tenaza a Cuba, o para ilustrar al Tercer Mundo sobre las bondades de la Alianza Para El Progreso y de la asistencia técnica y financiera para el desarrollo.

La permanencia de dichos lineamientos globales en la estrategia internacional de Colombia, durante los últimos sesenta años, le ha entregado una extraordinaria consistencia a la política exterior y le ha ahorrado al país riesgos y gastos. Pero, simultáneamente, ha implicado un bajísimo perfil en el ámbito exterior, acompañado de un nivel de introspección, aislamiento regional y carencia de actividad que puede no haber maximizado los intereses nacionales en la esfera internacional. Con sobrada razón López Michelsen caracterizaba al país, a finales de la década de los sesenta, como el "Tibet Latinoamericano".

Pero Colombia tampoco pudo aislarse, por más que muchos sectores lo hubieran preferido así, de las secuelas que trajo consigo el debilitamiento de los esquemas de relaciones internacionales heredados de la posguerra, el surgimiento de centros de poder internacional en el Tercer Mundo, el afianzamiento de nuevas economías industriales en el Asia, la consolidación de una escuela propia en América Latina de pensamiento económico y social, las innovaciones en materia de política internacional en varios países latinoamericanos y la radical transformación de las relaciones económicas internacionales. A mediados de los sesenta ya se sentían vientos de cambio en la política exterior colombiana.

Abriendo las Ventanas:
Carlos Lleras y López Michelsen

A partir de la segunda mitad del decenio de los sesenta Colombia entró en una etapa de significativas transformaciones en las características de su articulación económica y política con el contexto exterior. La adopción formal de los esquemas de integración económica subregional, derivados de los trabajos teóricos de la CEPAL, mediante la constitución del Grupo Andino, fue un primer paso hacia el reconocimiento de las posibilidades y beneficios de una política exterior más activa. Igualmente, la confrontación colombiana con el

Fondo Monetario Internacional en materia de política económica contribuyó a iniciar un proceso de concientización en los sectores técnicos y políticos sobre las consecuencias directas de la dependencia. Además, se constituyó en un importante precedente en materia de defensa de la autonomía de las decisiones económicas nacionales.

De otra parte, la adopción de un esquema de política económica para la diversificación del comercio exterior fue un cimiento importante en la apertura de las relaciones económicas internacionales de Colombia. El Decreto 444 le deparó al país éxitos considerables en los esfuerzos diversificadores, revolucionándose la composición por sectores económicos y la distribución por zonas geográficas del comercio exterior colombiano. La ampliación y diversificación del comercio exterior antecedió y, probablemente, sirvió de detonante de la diversificación paralela de las relaciones internacionales del país.

A finales de los años sesenta y comienzos de los setenta, Colombia disponía de una exitosa política económica internacional, pero simultáneamente carecía de una política exterior coherente, técnica y claramente articulada con los intereses nacionales. La contribución de la administración Lleras Restrepo a la búsqueda de nuevos rumbos para la política internacional se dio primordialmente en el campo económico, por medio de la diversificación del comercio exterior y el fortalecimiento del sector externo.

Alfonso López Michelsen, al reintegrarse a los cauces institucionales del Partido Liberal, ocupó el Ministerio de Relaciones Exteriores, y desde allí empezó a configurar una nueva estrategia política internacional más armónica con las nuevas realidades mundiales, regionales y nacionales. El bagaje ideológico de las épocas del M.R.L. (Movimiento Revolucionario Liberal) se refleja en el contenido innovador que le imprimió a su labor en la Cancillería.

A finales de los sesenta acuña el lema "Respice Similia" (mira a tus semejantes), reformulando a Suárez, y así se inscribe en la naciente corriente de la nueva política exterior latinoamericana, que era impulsada desde Santiago de Chile y Ciudad de México. Es decir, dentro de la vigencia del Sistema Interamericano, se buscaban paralelamente nuevos esquemas de política exterior capaces de promover una autonomía periférica y cierta independencia relativa en la arena internacional.

La administración López se caracterizó por desarrollar una política bastante más autónoma frente a los Estados Unidos, en el campo internacional, que los gobiernos anteriores, pero sin desvincularse o cuestionar a fondo la vigencia de los principios que soportan el Sistema Interamericano. Los ingredientes de innovación que aportó la política exterior del Presidente López Michelsen se convierten en un cimiento importante en la medida en que aparecen, en su momento, como palpable demostración de la viabilidad de un modelo alternativo de relaciones internacionales. No es la ruptura, el sisma definitivo con una larga tradición, pero sí es la punta de un iceberg de posibilidades novedosas para la política internacional de Colombia.

El esquema de política internacional del gobierno de López se caracterizó por importantes elementos de modernidad y de relativa autonomía, siendo el primer esfuerzo de una línea más independiente en política exterior. Entre sus logros se destacan la búsqueda de la universalización de las relaciones internacionales, diversificando y rompiendo con las antiguas restricciones para acercarse a algunos de los países socialistas, entre ellos Cuba. Igualmente, el país juega en este período un rol protagónico en la lucha de Panamá por recuperar los derechos y la soberanía sobre el Canal, promoviendo activamente la convergencia multilateral en favor de la iniciativa de Torrijos.

El gobierno de López inició el acercamiento a los No Alineados enviando observadores, y simultáneamente mantuvo una participación activa dentro de la discusión del Nuevo Orden Económico Internacional. En el campo de los intereses territoriales colombiano, la administración López logró la delimitación de las fronteras marinas con todos los vecinos a excepción de Venezuela. Por último, intentó darle al Grupo Andino una nueva dimensión política para impulsar iniciativas internacionales por medio de una diplomacia "de bloque" a nivel multilateral subregional.

La política internacional del Presidente López Michelsen fue posible por la propia personalidad política del Mandatario, pero definitivamente también contribuyeron a su consolidación, y no poco, el proceso de diversificación y apertura económica en que se embarcó América Latina en el decenio de los setenta; la mayor permisibilidad de los Estados Unidos, durante la administración Carter, a las iniciativas autónomas; y muy especialmente, el fortalecimiento sin precedentes del sector externo nacional.

Turbay Ayala:
En Busca del Tiempo Perdido

La presidencia de Julio César Turbay Ayala se caracterizó, en el plano internacional, por la búsqueda de un retorno al modelo de relaciones internacionales que se empezó a resquebrajar desde mediados del decenio de los sesenta. Las consideraciones de seguridad interna y externa que marcaron la coyuntura del período 1979-1982, facilitadas por la formación y la concepción ideológica del Presidente, primaron sobre cualquier otro criterio para enfocar nuevamente la política exterior colombiana desde la óptica tradicional. La amenaza que aparentemente representaba para los intereses nacionales la reclamación de Nicaragua sobre el Archipiélago de San Andrés y Providencia, se convirtió en una válida justificación para que Colombia buscara la seguridad que ofrecía la sombrilla protectora de la capacidad política y militar de los Estados Unidos en el Caribe.

De otra parte, al deterioro del orden público interno, como consecuencia del recrudecimiento de la violencia guerrillera, que amenazaba con la potencial "centroamericanización" del conflicto político interno, se le ofreció una respuesta militarista que exigía el sobredimensionamiento del papel de las fuerzas armadas y, por lo tanto, un estrechamiento de la cooperación bélica con los Estados Unidos. Las señales que se enviaron para que el gobierno de Reagan comprendiera que se estaba nuevamente en la ruta del pasado se concretaron en el enfrentamiento abierto con Cuba, al bloquear Colombia sus aspiraciones de obtener una silla en el Consejo de Seguridad de las Naciones Unidas. Posteriormente, el conflicto con esa nación socialista se radicalizó, hasta el rompimiento formal de relaciones a consecuencia del incidente de la incursión del M-19 por la frontera sur, la que, según el gobierno colombiano, había recibido apoyo logístico y militar del gobierno cubano.

En estas circunstancias se recurre al abandono de la apertura observada a mediados de la década del setenta, se reactiva la estrecha relación con Washington, se amplía el campo de injerencia directa de los Estados Unidos en el proceso político doméstico, en fin, se intenta un retorno al pasado. A ello habría que sumarle el aislamiento regional en que quedó Colombia por la actitud asumida frente al conflicto de las Malvinas. El gobierno, argumentando la tradición legalista y de respeto a las instancias del derecho internacional, se abstuvo de votar en favor de las pretensiones argentinas en la OEA, respaldadas abrumadoramente por los demás países latinoamericanos.

El contexto de relaciones internacionales que heredó Belisario Betancur de la administración Turbay se caracterizó por el quiebre en la tendencia hacia una apertura del patrón clásico de política exterior, por la revalorización que se hizo del principio de "Respice Polum", y por el retorno al aislamiento autoimpuesto en el ámbito regional. En las postrimerías del gobierno de Turbay se hizo evidente que este esquema había fracasado en sus objetivos iniciales de neutralizar la subversión interna y garantizar la soberanía colombiana frente a las aspiraciones nicaragüenses; y, más bien, había contribuido al evidente desprestigio interno y externo de esa administración y del país.

El Presidente Betancur encuentra una Colombia debilitada frente a sus vecinos latinoamericanos, embarcada en un frustrado proyecto represivo interno, sin una línea de acción en el Caribe, ya que había sido prácticamente excluída de la iniciativa norteamericana del Grupo de Nassau, y carente de un proyecto de política exterior, fuera del tradicional e irrestricto alineamiento con las directrices norteamericanas en asuntos internacionales. Este es el contexto global, esbozado en grueso trazo, que debe asumir la nueva política exterior colombiana a partir de agosto de 1982.

II
Los fundamentos de la política exterior de Belisario Betancur

El debate introductorio del seminario buscó que los participantes esbozaran a grandes rasgos su interpretación de los fundamentos y antecedentes históricos, conceptuales, teóricos, ideológicos y políticos que han inspirado y sirven de base para el diseño e implementación de la política exterior de la administración Betancur.

En primer lugar se reconoció que la política exterior del presidente Belisario Betancur no es exclusivamente el producto de una decisión iluminada o de la voluntad política del Mandatario puesto que se inserta dentro de un contexto histórico, tanto a nivel político nacional como en la esfera internacional. De este conjunto de antecedentes o fundamentos habría que rescatar, inicialmente, el aporte de la tradición colombiana contemporánea en materia de política exterior y de relaciones internacionales.

Durante el período comprendido por los dieciseis años de Frente Nacional se vieron lentas pero importantes transformaciones en el estilo y los contenidos de la política internacional colombiana, pero que fluctuaron de una administración a otra y de acuerdo a la personalidad y concepción de la figura presidencial de turno. Hay que destacar que en los gobiernos de la coalición bipartidista, a excepción de las administraciones Valencia y Pastrana, se intentó hacer algún tipo de esfuerzo innovador en cuanto a las relaciones exteriores y las actitudes internacionales del país.

En cierta forma se "le venía buscando el lado" a una nueva política exterior, desde comienzos de los años sesenta, intentanto ubicar, dentro de las alternativas realistas, una serie de terrenos donde fuera posible experimentar sin incurrir en riesgos mayores y sin abandonar la pesada herencia de cincuenta años de ausencia de política exterior. Los esfuerzos de Lleras Camargo para concretar algún tipo de liderazgo regional, apoyándose en el respaldo irrestricto al Sistema Interamericano, y algunos intentos de diplomacia multilateral en el ámbito subregional, son fundamento del desarrollo posterior de la política internacional colombiana.

Por su parte Carlos Lleras Restrepo, desde su posesión, introdujo nuevas facetas en la política exterior colombiana. En primera instancia un nuevo estilo presidencialista de diplomacia subregional, que demostró ser cada vez más efectivo, y que desembocó en el Acuerdo de Cartagena y la constitución del Grupo Andino. De otra parte, a la administración Lleras se le debe la introducción formal del naciente pensamiento económico latinoamericano dentro de la concepción nacional de la política de desarrollo. La teoría de la dependencia y las fórmulas de integración desarrolladas por Raúl Preibisch en la CEPAL fueron ampliamente acogidas por el gobierno y sirvieron de base para moldear las relaciones económicas subregionales.

El Grupo Andino, la posición colombiana frente al capital extranjero (Decisión 24), la conformación de un naciente mercado común y la creación de algunas instituciones financieras autónomas, se convierten en declaraciones de intención de la necesidad de buscar un nuevo patrón, inicialmente en la dimensión económica, de articulación con el contexto exterior. Bastante le debe la concepción de la política exterior actual a esos esfuerzos iniciales de la administración Lleras Restrepo para avanzar hacia la apertura de las relaciones económicas subregionales, la diversificación comercial y el desarrollo de un esquema "latinoamericano" de política económica.

El gobierno de López Michelsen también hizo importantes contribuciones conceptuales al demostrar en la práctica las grandes posibilidades que encierra la estructuración de estrategias de acción conjunta, entre países de la región o de la subregión, en el campo de la política internacional. Nuevamente, la diplomacia presidencialista consolidó un eje multilateral regional de influencia, Panamá-Caracas-Bogotá, y que de alguna forma pasaba por Cuba y el Grupo Andino, que sirvió eficazmente para respaldar las aspiraciones panameñas de recuperar la soberanía y los derechos sobre el Canal. Es la primera expresión política de esas "ganas" que tenía el país de asumir una presencia distinta y más independiente en la arena internacional y regional, aspiración que recogerá posteriormente el presidente Betancur. El gobierno de López es de esta forma un antecedente fundamental de la estrategia actual de política exterior.

La situación internacional del país, que heredó Belisario Betancur de la administración Turbay Ayala, fue un elemento que posibilitó la creación de condiciones políticas internas que favorecieron a la vez la innovación y la búsqueda de alternativas de política exterior para Colombia. La polémica que generó la línea de política internacional adoptada por el gobierno de Turbay, y su aparente fracaso, le permitió a su sucesor encontrar un terreno abonado para la experimentación de caminos nuevos, sin muchos costos políticos internos. El desprestigio doméstico de la estrategia turbayista, en materia de relaciones internacionales, le ofrecía al Presidente Betancur la oportunidad de ensayar alternativas ya que el país, hasta cierto punto, parecería estar en una encrucijada por el exceso de compromiso con el fortalecimiento de las relaciones bilaterales con los Estados Unidos.

De otra parte, la estrategia internacional del Presidente Turbay generó nuevos fenómenos políticos. La política internacional tradicionalmente era un tema desterrado, y prácticamente impensable dentro de la polémica política doméstica, hasta que el radicalismo (pro-norteamericano) de la política exterior de la Administración Turbay Ayala, y su estrecha vinculación con la doctrina "interamericana" de seguridad nacional, desataron el monstruo dormido. Algunos segmentos de la opinión pública y ciertos sectores intelectuales influyentes incluyeron el problema de la política internacional en la agenda de la discusión política nacional, creándole así la posibilidad a la Administración Betancur de concretar iniciativas en ese campo que la diferenciaran políticamente con el pasado y le garan una nueva audiencia. La reunión entre el Presidente electo y Turbay Ayala, días después de la elección, en la cual Belisario Betancur respaldó la continuación del proyecto de la Represa Hidroeléctrica de Urrá, en combinación con los soviéticos, fue una primera gran señal de que la política exterior, del gobierno que se inauguraría semanas después, sería bien distinta.

Todo este complejo paquete de antecedentes fue de una manera u otra un importante fundamento interno que permitió que se gestaran las condiciones apropiadas para el desarrollo de la política exterior de la Administración Betancur. Pero a ellos habría que añadirle las particulares condiciones del entorno internacional para obtener un cuadro más completo de las bases sobre las que se apoya la política de relaciones exteriores de Belisario Betancur.

En esta dimensión hay que destacar el impacto que sobre las relaciones internacionales hemisféricas tuvo la crisis de endeudamiento externo de América Latina. La encrucijada proveniente de la difícil coyuntura económica interna y externa, que afectó a los tradicionales países polo de la región, se tradujo en una presión que forzaba, en la mayoría de los casos, a los gobiernos latinoamericanos a tener que asumir una política exterior "blanda" para no arriesgar el acceso a los mercados financieros internacionales. La exacerbación de las presiones desestabilizadoras domésticas, sociales y políticas, también contribuyó para que se diera la reestructuración de la política internacional de países tradicionalmente activos, y con un alto perfil dentro de las relaciones hemisféricas. Bajo el acoso de esas dificultades económicas y políticas se produjeron significativos cambios en las relaciones de poder a nivel regional, que redefinieron el liderazgo y los ejes de influencia entre países.

El resultado concreto ha sido que al retraerse del escenario internacional, como consecuencia de la crisis financiera, aquellos países que mantenían una posición de liderazgo regional y latinoamericano, dejaron un vacío de poder que ha podido aprovechar Belisario Betancur para reformular la política exterior colombiana e incrementar la presencia regional del país. México, Brasil, Venezuela y Argentina sufrieron una aguda caída del perfil de su política exterior desde mediados de 1982; y desde entonces se mostraron más dispuestos a respaldar iniciativas multilaterales de acción internacional que implicaran menos riesgos económicos y, simuntáneamente, fortalecieran, mediante la unidad de objetivos y políticas, su debilitada posición internacional.

Concomitantemente, el Presidente Betancur no tuvo que enfrentar en la arena internacional, como si lo tuvieron que hacer otros presidentes colombianos, las aspiraciones de liderazgo regional de un Frei, un Carlos Andrés Pérez o un Omar Torrijos, cada uno con su propia época dorada.

Dentro de este contexto, la fortaleza que en esa coyuntura poseía el sector externo colombiano fue indudablemente un fundamento objetivo que le permitió al gobierno maximizar la utilización del espacio de liderazgo abierto por la crisis financiera latinoamericana. La oportunidad que ha tenido el Presidente Betancur de asumir la iniciativa internacional en el concierto regional estuvo respaldada por el hecho de que Colombia mostró en los dos últimos años la situación económica y financiera más sana de toda América Latina. Igualmente, el no haber requerido, hasta hoy, de un tratamiento preferencial por parte de la banca privada internacional o de un convenio formal con el Fondo Monetario Internacional, le dio al mandatario colombiano un margen de negociación importante frente a los demás países de la región. Este soporte económico de la estrategia de relaciones exteriores del gobierno efectivamente se viene debilitando rápidamente, pero esa discusión es materia de otro capítulo.

La revisión de estos factores que apoyaron, respaldaron o fundamentaron de distintas maneras la política exterior del Presidente Betancur sugiere una primera inquietud: ¿Hasta qué punto la estrategia internacional del gobierno es producto de la combinación afortunada de una cercana herencia innovadora con una coyuntura internacional excepcionalmente favorable? O, por el contrario, ¿es la política exterior del actual gobierno el producto de las convicciones presidenciales y parte fundamental de su proyecto político de largo plazo? En primer lugar, se aprecia que durante el debate electoral de 1981-1982 el actual Presidente de la República prácticamente marginó la temática internacional de su campaña política. Pero como las campañas electorales se hacen para ganarlas habría que escudriñar más a fondo para buscar esos ingredientes que permitirían explicar la nueva posición internacional abordada, paradójicamente, por un presidente conservador.

Para algunos de los expertos participantes, el ingrediente que más peso tiene dentro de la conformación de la política exterior colombiana de estos dos últimos años es el determinismo histórico-coyuntural. Es decir, la política internacional del Presidente Turbay Ayala, que representaba el renacimiento de la doctrina cincuentenaria del "Respice Polum", fracasó estruendosamente ante la contundencia de las nuevas realidades que están removiendo los cimientos del orden internacional. Ya no es funcional para la defensa del interés nacional de un país latino de ingreso medio, como Colombia, una estrategia de alineamiento incondicional frente a los países industrializados y específicamente ante los Estados Unidos.

El balance del gran salto atrás en materia de relaciones internacionales, que sufrió el país en el pasado gobierno, es necesariamente negativo, y los costos parecen superar ampliamente los beneficios. Desprestigio y aislamiento regional, introspección, cerramiento, debilitamiento de las relaciones comerciales diversificadas, amenaza de intereses territoriales, injerencia directa extranjera en el proceso político interno, son algunas de sus consecuencias.

La aplicación de un modelo de relaciones exteriores que fue ideado para las fases iniciales de la consolidación económica y política nacional, y dentro de un contexto de absoluta hegemonía de los Estados Unidos, y no para una etapa de transición como la que sufre hoy el sistema internacional, fue desfavorable para los intereses externos colombianos.

Es por ello que de una manera u otra cualquiera que hubiera sido el presidente habría tenido que enfrentarse a la necesidad de redefinir la política internacional dentro de un marco de mayor consonancia con las nuevas tendencias latinoamericanas, y de manera más acorde con la complejidad de los retos que asaltan en la actualidad la estructura de las relaciones internacionales hemisféricas. Así lo debió reconocer el candidato oficial del liberalismo, Alfonso López Michelsen, al proponerle al país la afiliación del Partido Liberal a la Internacional Socialista, ya que esta vinculación representaba una contundente declaración de voluntad para encaminar la política exterior colombiana por los caminos de la independencia, un mayor perfil y un reencuentro con las aspiraciones regionales y tercermundistas.

La fuerza histórica de los vientos de cambio que se sembraron en los gobiernos de Carlos Lleras y López Michelsen se hacía más viva e inescapable ante el frustrado intento de retornar al pasado en la administración

Turbay Ayala. Aquí cabe anotar que esta interpretación no demerita la capacidad política del Presidente Betancur para comprender adecuadamente la coyuntura y utilizar muy hábilmente las circunstancias, y cumplir a su manera la tarea que estructural e históricamente se imponía.

Colombia ya no podía sustraerse, aunque quisiera, a la problemática regional e internacional por el impacto que está teniendo sobre el ámbito económico y político doméstico. Pero desde otro punto de vista, y sin desconocer los factores coyunturales y estructurales mencionados, algunos de los expertos convocados enfatizaron la tradición personal, la formación ideológica y el concepto de proyecto político armónico, como aquellos elementos neurálgicos que llevan a Belisario Betancur a aplicar una concepción innovadora a las relaciones internacionales del país. El bagaje intelectual y la experiencia política personal del Primer Mandatario no pueden ser dejados de lado en una interpretación cabal de los determinantes de su política internacional.

Desde esta perspectiva se puede argumentar que en una primera instancia el origen político conservador, y específicamente laureanista, de Belisario Betancur es una herencia intelectual que sirve de antecedente filosófico de los lineamientos actuales de su política exterior. De una parte, la política exterior del partido conservador ha mantenido históricamente un ingrediente nacionalista que rescata la hispanidad, el sentido acentuado de la nacionalidad y, hasta cierto punto, mantiene la actitud distante del catolicismo frente a lo protestante y anglosajón. De otra, ésta corriente es bastante más marcada en el caso del laureanisno, por los lazos ideológicos que unieron la corriente política del Presidente Laureano Gómez con el experimento franquista y el fascismo europeo.

No se debe cometer el error de pensar que lo afirmado arriba implica que Belisario Betancur representa la continuidad, en la política internacional, de la ideología nacionalista reaccionaria dentro del conservatismo.

El aspecto que se quiere resaltar es, más bien, su cercanía política a las corrientes nacionalistas conservadoras y a la tradición hispanista, que pueden actuar como un sustrato ideológico que permite el posterior desarrollo de una actitud enfáticamente autonomísta en la política exterior.

A este factor habría que sumarle una trayectoria de escritos y discursos, a los que ningún analista de la política les dio la atención que se merecían, en los que ya se plantea una línea interpretativa de la política internacional identificada de cierta manera con las reivindicaciones políticas y económicas de los países en desarrollo. Como dato anecdótico se puede señalar que la conocida editorial del Presidente Betancur se llama "Tercer Mundo" y muestra en su catálogo una larga lista de publicaciones que le hacen honor a su nombre.

En el ámbito de lo individual, Belisario Betancur es un hombre de valores nacionalistas muy arraigados que se insinúan en todo su proyecto político y particularmente en su estrategia internacional. La preocupación de buscar alternativas para integrar un esquema de verdadera democracia liberal a las realidades y los parámetros de sociedades con una fuerte tradición hispanista, conservatizante y jerarquizante, como la colombiana, la resuelve el Presidente combinando una remozada identificación con la cultura iberoamericana en el ámbito internacional, y un esfuerzo de apertura política y consolidación interna de la nación.

Adicionalmente, el experimento de la transición democrática en España marcó tempranamente su concepción del proyecto político nacional e internacional. Los valores que rescata de ese contexto, y operacionaliza posteriormente la estrategia internacional del gobierno, son: un nuevo trato económico internacional, el respeto al pluralismo ideológico y la autonomía nacional; principios estos que se han venido revitalizando en Latinoamérica a partir de la guerra de las Malvinas y el proceso de transición democrática en el Cono Sur.

Dentro de este amplio conjunto de elementos que cabe destacar como fundamentos y antecedentes directos de la política exterior del Presidente Belisario Betancur también se incluyeron las propuestas y las acciones mediadoras multilaterales adelantadas por distintas naciones y bloques de países latinoamericanos. Son de resaltar las iniciativas del Grupo Andino, los intentos de consolidar fuerzas multilaterales para actuar decisivamente en el Istmo Centroamericano por parte de México y las sugerencias de la Internacional Socialista en el mismo sentido.

Las explicaciones de naturaleza ideológica y la tradición contemporánea de la política internacional colombiana, y latinoamericana, son elementos que ayudan a entender el fundamento sobre el que se construye el proyecto internacional del Presidente Betancur. Pero en opinión de varios de los expertos asistentes al seminario es necesario complementar estos factores con la discusión de las características propias del proceso político interno y de las relaciones de poder que rodean la formulación de la política exterior y el accionar internacional del país.

Política Exterior:
Presidencialismo y Fragmentación

El énfasis que colocaron algunos de los participantes en la figura presidencial para adentrarse en la interpretación de la política internacional del gobierno motiva varias inquietudes. En primer lugar, cabe preguntarse que tipo de instancias políticas, económicas e institucionales influyen sobre la definición de la política exterior colombiana, o es que en este caso, al igual que en la monarquía francesa, ¿las relaciones internacionales son el coto privado del rey? La realidad parece ser que en Colombia se da un nivel bastante elevado de discrecionalidad y autonomía presidencial para la formulación y dirección de la política internacional.

El fortalecimiento progresivo de la rama ejecutiva del poder público, que nace con Núñez, acompaña al Frente Nacional y se profundiza a través de la Reforma Constitucional centralizadora de 1968, también se tradujo en un sobredimensionamiento de la autonomía presidencial en la formulación y la dirección de la política exterior. El poder cuasi-absoluto del Primer Mandatario para dirigir las relaciones internacionales "políticas" se traduce en la situación que vive actualmente el país, donde la ideología presidencial marca, coyunturalmente, una pauta bastante determinante de los alcances y orientaciones de la política exterior.

En términos de una comparación con las características de un modelo "occidental", o "contemporáneo", de toma de decisiones en asuntos internacionales, se puede apreciar que Colombia se encuentra en una fase premoderna. La injerencia de la Cancillería como instrumento técnico y de respaldo institucional, en el diseño de la política internacional, es prácticamente nulo. La persistencia de los valores clásicos de la vieja diplomacia dentro de la burocracia del Ministerio de Relaciones, y su bajo nivel de capacitación, vuelven prácticamente inútil cualquier esfuerzo por rescatar una política exterior más orgánica o institucionalizada.

Del mismo modo, dentro de la estructura política e institucional, el Canciller no deja de ser, una mejor o peor herramienta de la política internacional presidencial. El Ministro de Relaciones asume una posición más de ejecutor de las directrices del Mandatario, que de inspirador político del proyecto internacional. En contraste, la política internacional norteamericana o austríaca es el resultado de la discusión y correlación de fuerzas entre niveles institucionales activos, Departamento de Estado o Departamento de La Defensa, por ejemplo. Cada una de estas instancias posee interpretaciones e intereses que proyectan y defienden dentro del proceso de diseño e implementación de la política exterior. Esta caracterización presidencialista es válida para la dimensión "política" de la política exterior colombiana, pero no sucede lo mismo con la otra cara de la moneda, con la dimensión económica.

La responsabilidad de la política económica internacional, y de relaciones económicas internacionales, se encuentra segmentada entre distintos niveles del sector público y del sector privado. Aunque formalmente se da una centralización de la política económica internacional en cabeza del Ministerio de Hacienda, en la práctica los nichos decisorios se encuentran dispersos a lo largo de toda una cadena de instancias que actúan como parcelas de poder, y de manera bastante autónoma de la dirección del ministerio del ramo y de los rumbos fijados por la Cancillería.

La administración del componente más trascendental del frente externo, el mercado del café, sigue todavía como rueda suelta en manos del sector privado, a pesar de los avances que se han realizado en cuanto a su articulación con la política económica global. La posibilidad de que la política cafetera en el mediano plazo se ligue de alguna manera con el conjunto de la política internacional es considerablemente remota. Una situación parecida se presenta con el control de los flujos comerciales y financieros internacionales, cuya dirección y responsabilidad es el feudo privado de PROEXPO, INCOMEX, el Banco de la República, Planeación Nacional, el Ministerio de Hacienda o los particulares.

El impacto de este fenómeno sobre la política de relaciones internacionales del país, entendida en el sentido amplio, es la centralización en lo político pero la fragmentación en lo económico. La contrapartida del presidencialismo en la concepción y administración de la política exterior es la autonomía relativa de lo económico. La compartimentalización es entonces una de las características más protuberantes de las relaciones internacionales del país.

En síntesis, la política exterior de Belisario Betancur, además de los antecedentes conceptuales, tanto nacionales como personales, y de la favorable coyuntura internacional, también se arraiga en las particularidades de la estructura de poder que se ha tejido en torno a las relaciones internacionales del país. La "política" internacional, en el caso colombiano, y por las características propias del ordenamiento político e institucional, es el "coto privado del rey", y esta situación le abre muchas posibilidades al "monarca".

Pero las parcelas de poder de la política económica internacional siguen siendo el sacrosanto feudo de otros intereses económicos y políticos más concretos de la sociedad. De allí que se pueda pensar que el Presidente está en capacidad de montar su proyecto propio en la política internacional, y de esta manera obtener beneficios o respaldos políticos a través de un perfil externo con proyecciones políticas internas, pero que, simultáneamente, en la dimensión económica de las relaciones internacionales no se generan cambios correspondientes o paralelos.

Las transformaciones que se han dado en la estructura social desde los albores del Frente Nacional, y la dinámica misma del proceso político nacional, deben ser tenidos en cuenta para entender en sus intimidades los fundamentos de la política exterior del Presidente Betancur. Para el Mandatario es claro que las exigencias derivadas de la problemática política interna, que se refleja en el desencanto social con el exclusivismo bipartidista del sistema político y en la degradación de la ideología consensual, tienen que integrarse como criterios decisorios a la concepción de la política exterior.

Betancur parte del principio de que es necesario darle un régimen nuevo a la política internacional colombiana para aglutinar, en el ámbito externo, a fuerzas y sentimientos sociales y políticos que no tienen en lo interno canales de expresión suficientes. De esta forma, las necesidades políticas internas de la Colombia posfrentenacionalista se proyectan sobre la dimensión internacional, determinándola. Este estrecho vínculo entre la política internacional y el proyecto político interno del Presidente Betancur es una de las innovaciones más claras que aporta el actual modelo de relaciones internacionales.

La evidente utilización de la política exterior para fines políticos internos, y el persistente divorcio entre las dimensiones política y económica de las relaciones internacionales del país, despertó una serie de inquietudes entre los participantes del seminario respecto a los alcances efectivos y la verdadera naturaleza de la política internacional del actual gobierno.

Forma, Contenido y Realidades de la Política Exterior

Para varios de los expertos asistentes al seminario la característica más marcada de la política internacional del Presidente Betancur es el quiebre entre el contenido del discurso y las acciones concretas. Al comparar la actitud internacional de Belisario Betancur, especialmente en lo que hace a su posición frente a las relaciones bilaterales con los Estados Unidos, con los rasgos del comportamiento internacional del país en los otros aspectos claves, se observa un alto grado de retórica e inconsecuencia. El resultado es una ambivalencia "esquizoide", en la que las realidades efectivas de las relaciones internacionales van por un lado y las palabras por otro. La contradicción discurso/realidad se aprecia en los principales componentes de la política internacional.

El campo de las relaciones financieras internacionales del país es donde parecería ser más diáfano el conflicto entre lo que se hace y lo que se dice. En primer lugar, cuando el Presidente Belisario Betancur convocó a la reunión de los países latinoamericanos deudores en Cartagena, se destruyó el principio, en el que siempre ha insistido el Ministerio de Hacienda, de que la problemática financiera colombiana es "diferente" a la del resto de sus vecinos. Posteriormente, Colombia se integra formalmente al Consenso de Cartagena, que hace una denuncia abierta al manejo "tecnicista" del problema de la deuda externa, intenta su politización internacional y propone una serie de estrategias concretas a seguir frente a las dificultades financieras de la región.

Pues bien, esta vinculación formal, rodeada de un gran despliegue retórico y de afirmaciones rotundas, no afectó en prácticamente nada la estrategia financiera externa que venía aplicando el gobierno colombiano. Una decisión aparentemente muy firme de la política internacional, como fue integrar el Consenso de Cartagena y dimensionar políticamente la problemática financiera internacional, no se refleja perceptiblemente en ningún tipo de cambio, adaptación o matiz de la política de endeudamiento externo del país.

Las fórmulas propuestas por el Presidente Betancur para afrontar el problema financiero latinoamericano tienen poco que ver con lo que realmente está ocurriendo con el manejo interno de las situaciones creadas por el endeudamiento externo. Por el contrario, si se compara la dimensión real con la formal más bien se observa que existen sensibles contradicciones.

En síntesis, el manejo político y económico del problema de la deuda externa latinoamericana y colombiana es un ejemplo que para algunos analistas demuestra cómo la administración Betancur mantiene esa dicotomía contradictoria entre el discurso de la política internacional y los contenidos reales de las acciones gubernamentales, en dimensiones vitales de las relaciones exteriores.

Desde otra perspectiva, se observa también la profunda contradicción entre la retórica del proyecto político interno y las realidades sociales que está creando la política económica. De una parte se mantiene un tono reivindicativo y "popular" en el tratamiento público de los problemas por el Presidente, pero de otra, el esquema de política económica adoptado favorece a los sectores más poderosos de la Nación y tiene efectos claramente regresivos en términos de distribución del ingreso y asignación social de los recursos del estado. Belisario Betancur estaría haciendo internamente lo que está criticando del orden internacional. Naturalmente, esta interpretación es bastante polémica y fue refutada por varios de los expertos participantes.

En primer lugar, el argumento que insiste en la existencia de un aparente divorcio entre discurso y realidad en la política exterior es excesivamente mecanicista ya que supone que la articulación o la relación causa-efecto, entre las dimensiones política y económica, a nivel internacional, debe ser explícita, directa y elaborada. Este esquema desconoce las sutiles y complejas realidades de la política internacional. En ningún momento se le puede exigir a la política internacional de un país que para que sea exitosa o consecuente tenga que ofrecer una relación estricta o directa entre las acciones en el contexto externo y las políticas internas; ese tipo de correspondencia es impracticable e irreal en el complejo panorama contemporáneo de las relaciones internacionales.

Muchas veces la política exterior es un instrumento para buscar cambios o respuestas externas previas sin las cuales es imposible desarrollar una serie de políticas internas. En el caso de la deuda externa, por ejemplo, la política internacional de Belisario Betancur, al promover la convergencia multilateral de los países latinoamericanos con problemas financieros, se estaba anticipando a una realidad que hoy es evidentemente inescapable para el país. La capacidad de anticiparse a los hechos y buscar alternativas de acción novedosas, como el Consenso de Cartagena, es una prueba concreta del grado de integración de la política internacional con el diagnóstico de las realidades internas.

De otra parte, la insistencia en el contenido "subjetivo" de la política internacional del Presidente Betancur desconoce la función y la fuerza objetiva que posee el discurso y la retórica dentro de la lucha política internacional. La situación cada vez más común en el Tercer Mundo es la radicalización de las posiciones internacionales, en las Naciones Unidas, la UNCTAD o el Grupo de Países No Alineados. Esto no implica que al denunciar las inequidades del orden internacional una nación se vea en la obligación de comprometerse a renunciar a los lazos que la unen con los países industrializados o tenga que dejar de utilizar las oportunidades que ofrece ese orden, que se condena, para maximizar la defensa del interés nacional.

El caso de Méjico es un ejemplo apropiado para ilustrar dicha situación. De una parte, la economía mejicana ha logrado sacar ventajas apreciables de su vecindad con los Estados Unidos, aprovechando los mercados y utilizando sus recursos y tecnología, pero, simultáneamente, la política exterior se mantiene bastante autónoma e independiente respecto a los lineamientos de Washington.

Desde una perspectiva histórica se puede apreciar que la política exterior colombiana no ha tenido nunca una acción más audaz y de mayor envergadura que la reunión de países deudores y el Consenso de Cartagena. Evidentemente, aquellos análisis que intentan medir su impacto sólo en términos de dólares y centavos están distorsionados, ya que los logros que se desprenden de ese esfuerzo tienen que ver con un conjunto de objetivos bastante más globales.

La característica de la política internacional, que se deduce de la acción colombiana en favor del Consenso de Cartagena, es más bien la gran coherencia de todo el modelo de relaciones internacionales que se viene aplicando. Dentro de un esquema de política exterior como el de Belisario Betancur el tema de la problemática financiera latinoamericana necesariamente tiene que ser tratado e incluido. La lucha por un orden internacional más equilibrado, el nuevo trato económico y la autonomía nacional de los países del Tercer Mundo, sería impensable sin acciones audaces e independientes frente a las secuelas de la crisis financiera regional.

La incomprensión que ha despertado entre ciertos círculos el contenido de la nueva política internacional se origina primordialmente en la redefinición que del interés nacional hizo el Presidente Belisario Betancur. El concepto de interés nacional que primó en la política exterior de los anteriores gobiernos era esencialmente económico. Es decir, hasta hoy el interés nacional, en el ámbito externo, se identificaba con la promoción internacional de los objetivos económicos y de la política económica, sacrificando cualquier otra prioridad a este principio. La sobrevaloración de las prioridades económicas dentro de la concepción de la estrategia de relaciones internacionales del país ha sido tan fuerte, tradicionalmente, que hasta hace muy poco fue válida la afirmación de que "el café es la política internacional de Colombia".

El Presidente Belisario Betancur redefine el interés nacional en función de una nueva serie de prioridades, alterando por completo el criterio clásico de subordinación de la política internacional a los objetivos de carácter económico. Hasta cierto punto se puede pensar que el Mandatario sacrifica algunas de las metas económicas en aras de promover un nuevo concepto de interés nacional, alteración que necesariamente le da un sentido diferente a la política exterior al que ha estado acostumbrado el país. Por ello, al desaparecer esa ligazón tan explícita entre política internacional y objetivos económicos se produce la impresión de que dicha estrategia externa carece de contenidos reales. Pero las prioridades políticas internas son tan objetivas y concretas como las económicas, que anteriormente primaban dentro de la política exterior.

De otra parte, los cambios que se han venido impulsando desde el gobierno en la concepción de la política internacional colombiana están fundamentados en el reconocimiento de que el contexto internacional, en el que está inmerso el país, ha venido transformándose aceleradamente. Esas transformaciones del ámbito internacional, y concretamente regional, afectan directamente a Colombia por lo que hay que reinterpretar las condiciones y evolucionar adaptándose a ellas. El statu quo de los años setenta fue bastante favorable para el país, por lo que no se justificaba hacer experimentos muy audaces puesto que podrían a la postre resultar bien costosos. En las primera mitad de los años ochenta, por el contrario, se produce una recomposición de las relaciones internacionales hemisféricas que no puede ser manejada o interpretada con los criterios del pasado.

La deuda externa, la Guerra de Las Malvinas, la crisis financiera, la transición democrática en América Latina, son todos nuevos ingredientes de la realidad internacional que necesariamente deben considerarse en la formulación de la política exterior. Por esta razón, Belisario Betancur se lanza en busca de ese esquema novedoso de política internacional capaz de acoplarse eficientemente con la realidad contemporánea del escenario internacional. Pero como frente al modelo de política internacional tradicional necesariamente se tejen relaciones de poder e intereses económicos y sociales, la discusión llevó a que surgiera la siguiente inquietud: ¿Qué condiciones políticas le permitieron a Belisario Betancur avanzar en la redefinición del esquema de política exterior, abandonando en gran parte un modelo tan atado a la tradición nacional?

Relaciones de Poder y Política Exterior

La identificación de los intereses políticos y económicos que rodean la formulación de la política exterior, y la comprensión de su dinámica, es un requisito para poder entender por qué y cómo el Presidente Betancur ha lograro desarrollar un conjunto de innovaciones importantes en esa materia. Una revisión rápida de los distintos "gremios" dirigentes de la sociedad revela que los intereses económicos sectoriales de la mayoría de ellos no están verdaderamente ligados a una u otra modalidad de política exterior. A pesar de que ideológicamente los diferentes grupos dirigentes prefieran y defiendan uno u otro modelo, en la práctica sus intereses económicos específicos no dependen realmente de lo que se haga en ese campo, al contrario de lo que ocurre en países cuyas economías muestran sectores productivos altamente internacionalizados.

El capital extranjero no representa una cifra significativa de la inversión nacional, los sectores exportadores no cafeteros son bastante incipientes en términos relativos a los de otros países, la dependencia de los mercados internacionales para las exportaciones menores está altamente concentrada en la Subregión Andina, el sector financiero colombiano fue nacionalizado desde mediados de la década de los setenta, no existen enclaves mineros o extractivos de consideración en manos de empresas multinacionales, y la producción energética está controlada y supervisada directamente por entidades estatales. En síntesis, una porción mayoritaria de la economía colombiana muestra un perfil bastante bajo de articulación directa con el contexto internacional.

Esta situación es de cierta forma atípica en el ámbito latinoamericano y paradójica, ya que a pesar del persistente compromiso de Colombia con los Estados Unidos en los asuntos hemisféricos e internacionales, el país muestra índices moderados de dependencia económica efectiva. Se podría entonces pensar que la alineación prácticamente incondicional de la política exterior nacional con las directrices norteamericanas durante más de medio siglo, fue el costo en que incurrió Colombia para obtener mayor autonomía relativa en la dimensión económica.

Los dos grupos sociales que con certeza se podría afirmar que tienen fuertes intereses vitales articulados al contexto internacional, y a un modelo particular de relaciones internacionales, son el gremio cafetero y las fuerzas armadas. La economía del café depende, casi que exclusivamente, de los mercados internacionales en los países industrializados, principalmente los Estados Unidos y Alemania. Adicionalmente, la estabilidad del mercado cafetero está ligada estrechamente a la viabilidad del Convenio Internacional del Café que es considerado como un esquema modelo de relaciones comerciales armónicas entre Norte y Sur. Por su parte, el acuerdo cafetero depende de la voluntad política de los países consumidores para aceptar la cartelización controlada de la oferta del grano, aún en circunstancias en las cuales la libertad de precios significaría menores costos para los tostadores.

Por estas razones el gremio cafetero, y aún más concretamente los exportadores del grano, ven como indispensable para sus intereses la defensa de una política internacional tradicional comprometida con el principio de "Respice Polum". La importancia de los cafeteros en el conjunto de la economía colombiana les permitió en cierta medida actuar, durante todo este siglo, como un "estado paralelo" al cual se subordinaban la mayoría de los otros intereses políticos y sectoriales. Por ello, la política internacional clásica recogía esa primacía de la economía del café y la integraba a la política internacional a través de la defensa de las estrechas relaciones con los Estados Unidos y Europa. Pero el "empate" entre la Federación de Cafeteros y el Estado colombiano empezó a inclinarse en favor del segundo a partir del decenio de los setenta.

Anteriormente, el gremio cafetero podía articular en torno suyo toda una gama de otros intereses nacionales lo cual le entregaba un poder inusitado frente a un estado que no poseía una capacidad aglutinadora equivalente. Pero en la década del setenta el peso político y social relativo del gremio cafetero se debilitó ante el avance de un Estado fortalecido fiscal e institucionalmente, que se

57

convirtió en el catalizador primordial y mediado ineludible de todos los intereses nacionales, aún a pesar de que el control real y económico del mercado del café en gran parte sigue reposando en manos de la Federación de Cafeteros.

El debilitamiento político de la Federación, como resultado de los grandes acosos que sufre interna y externamente, no ha llevado a una crisis en la organización sectorial, pero sí ha representado una contribución al fortalecimiento de la capacidad del Estado en la conducción de la economía del café. La posibilidad de que Belisario Betancur pueda redefinir hoy el sentido y el contenido de la política internacional se debe, en gran medida, al hecho de que durante la década pasada el Estado colombiano logró avanzar en la subordinación de la cuestión cafetera y los intereses gremiales de ese sector, a la tutela y supervisión efectivas de las instituciones políticas.

Las Fuerzas Armadas, si se les caracteriza como un segmento social, son el otro sector en el cual se pueden encontrar intereses muy ligados a la prevalencia de un modelo específico de política internacional. La formación ideológica de los militares colombianos les ha dejado bien marcada la concepción "interamericana" de seguridad nacional. Es decir, el núcleo del problema militar es la lucha, ya sea en casa o en la arena internacional, contra un común enemigo hemisférico: el comunismo totalitario inspirado por el bloque soviético.

De esta forma, la alianza incondicional con los Estados Unidos es un requisito fundamental para poder garantizar la seguridad nacional. El rechazo a los agentes o intermediarios regionales de esa "maldición", Cuba o Nicaragua, es su contrapartida. Adicionalmente, las fuerzas militares colombianas han recibido tradicionalmente un considerable apoyo técnico, táctico y financiero del gobierno de los Estados Unidos y del ejército norteamericano.

Las fuerzas armadas son entonces un importante sector institucional y político que tiene afincados sus intereses corporativos en la vigencia de unas relaciones internacionales fuertemente atadas a las directrices fijadas por los Estados Unidos, y que a su vez cataliza los intereses de otros segmentos sociales. De esta forma, el Ministerio de Defensa ha actuado en el pasado como un poderoso grupo de presión para defender un modelo de política internacional compatible con su concepción de seguridad nacional. La importancia que los militares le otorgan a la doctrina de la seguridad nacional y a la "ideología" geopolítica norteamericana se constituye en una amenaza, o por lo menos un freno, a la aspiración presidencial de buscar un modelo alternativo de relaciones internacionales. Como respuesta a este problema político Betancur ha venido impulsando dentro de las fuerzas armadas una doctrina y un concepto de seguridad nacional diferente, más en concordancia con las exigencias de su proyecto político global.

El rasgo más característico de esta nueva concepción, que el presidente busca imponer a las fuerzas armadas, es la revalorización de la función de *defensa* de la soberanía territorial del país. El rescate de las fronteras en la Orinoquia y la Amazonia, el "redescubrimiento" del mar, la defensa de los territorios insulares en el Pacífico y en el Mar Caribe, son todos elementos que hacen parte de esa concepción alternativa de seguridad nacional que le permite a Belisario Betancur actuar más libremente en el campo de la política internacional y de la estrategia de pacificación interna.

A la dimensión puramente ideológica hay que añadirle el hábil manejo que ha realizado el gobierno del presupuesto de la defensa. La Base Naval del Pacífico, la Base Aérea de Marandúa, las inversiones en equipos para SATENA y la Armada, son gastos que satisfacen viejas aspiraciones de los sectores militares menos comprometidos con la seguridad interna. Con ello también se avanza en la recomposición de las relaciones de poder entre las distintas ramas de las fuerzas militares, al reducirle la importancia a la infantería y a los organismos de control de orden público, frente a la Fuerza Aérea y la Armada Nacional.

En síntesis, los cambios que sufrieron las relaciones de poder entre el gremio cafetero, la Federación respectiva y el Estado colombiano, durante el decenio de los setenta, contribuyeron no poco a crear las condiciones políticas internas que le permitieron al Presidente Betancur avanzar en el rediseño de la política internacional colombiana. Igualmente, la política militar de Belisario Betancur, orientada a disminuir el peso de la ideología de la seguridad nacional, dentro de las fuerzas armadas, ha neutralizado efectivamente las pretensiones que puedan tener los militares en cuanto la definición del modelo de relaciones internacionales.

III
Política exterior: ¿continuidad o ruptura?

A partir del anterior debate sobre los fundamentos del modelo de política internacional del Presidente Betancur, se abordó la discusión de los contrastes y las relaciones existentes entre la actual política exterior y la de las pasadas administraciones. La intención que se buscaba al incluir este tema en el seminario fue recoger una amplia polémica que tiene trascendencia en la medida que permite caracterizar adecuadamente la política internacional del gobierno del Presidente Belisario Betancur y profundizar en la evaluación de sus alcances y perspectivas. Del mismo modo, la disyuntiva continuidad o ruptura en el modelo de política exterior es un punto que ha estado siempre presente en la literatura, los foros y los seminarios sobre las relaciones internacionales contemporáneas en Colombia.

Adicionalmente, se pretendió confrontar las tesis de algunos de los participantes que sostienen de una parte, que la actual política exterior acude a la aplicación de los criterios básicos que la inspiraron en administraciones anteriores; y de otra, que el manejo de las relaciones exteriores por parte del Gobierno del Presidente Betancur representan una significativa ruptura con el pasado y una innovación definitiva en la tradición de la política internacional colombiana. La polémica entre los expertos no solo permitió llegar a conclusiones importantes sobre este aspecto sino que además avanzó en la evaluación global de la política internacional de Belisario Betancur.

¿Una Nueva Política Exterior Colombiana?

Para algunos de los asistentes al seminario, la política exterior de Belisario Betancur no representa, conceptualmente, una verdadera ruptura con la tradición reciente en materia de relaciones internacionales. La revisión de la estructura de la política internacional del actual gobierno muestra más elementos de continuidad que síntomas de cambio. Según esta interpretación el Presidente Betancur retomó y redondeó el principio político de "Respice Similia" (mira a tus semejantes), explicitado y desarrollado por López Michelsen algunos años antes, y le añadió algunos ingredientes de su propio estilo y cosecha, que lo hicieron más audaz y explícito, y sobre este cimiento conceptual edificó su modelo de política internacional.

La política internacional colombiana contemporánea se puede encuadrar analíticamente entre dos parámetros claramente definidos. El primero de ellos es el que podría llamarse "modelo clásico", y corresponde a la política exterior inspirada en la doctrina Suárez o "Respice Polum", y, alternativamente, la nueva política exterior colombiana. Este segundo esquema se construyó progresivamente desde la administración Lleras Restrepo y se consolidó en el gobierno de Alfonso López Michelsen, inspirado en las tendencias transformadoras que surgían para la época en América Latina.

El "modelo clásico" es entonces el que defiende una política exterior poco activa, de bajo perfil internacional, con escasa injerencia en el ámbito regional, basada en el estrechamiento de las relaciones bilaterales con los Estados Unidos, y comprometida con los lineamientos de la política hemisférica norteamericana, por lo que conlleva bajos costos y lentos beneficios.

El segundo parámetro se caracteriza por colocar el énfasis de la política exterior en la apertura y diversificación de las relaciones internacionales, por un alto nivel de actividad, por la defensa del pluralismo ideológico en la región, y por un acentuado compromiso para con la autonomía y las reivindicaciones políticas y económicas del Tercer Mundo. Desde esta perspectiva analítica la política internacional de Betancur se encuadraría adecuadamente dentro de la reciente tradición de la "nueva" política exterior latinoamericana y colombiana.

La vinculación de Colombia al Grupo de Países No Alineados, la confrontación, por lo menos a nivel retórico, con los Estados Unidos, la búsqueda de un modelo de acción multilateral alterno a la OEA para resolver problemas regionales, como el de la paz en Centroamérica, el acercamiento a Cuba y a Nicaragua, y los demás componentes de la actual política internacional, tienen antecedentes y coincidencias directas con las acciones internacionales de la administración López.

La conformación de un bloque multilateral para apoyar a Panamá, la apertura de relaciones con Cuba, el acercamiento a los No Alineados y a los foros de discusión del Nuevo Orden Económico Internacional, son hechos de la política exterior de López que evidentemente se articulan en un continuo con las realizaciones del gobierno de Belisario Betancur. La presente administración, durante los primeros dos años, ha retomado el instrumental de la nueva política exterior, la del principio "Respice Similia", perfeccionándolo, y utilizándolo con mayor audacia, visibilidad y coherencia.

De este análisis se derivan otras conclusiones importantes. La política internacional de la administración Turbay es la que verdaderamente rompe con las tendencias de cambio que impulsan Lleras y López. La "sensación" de ruptura que ofrece la actual política exterior se origina en su contraste con la estrategia internacional del Presidente Turbay Ayala, que se tradujo en un claro retorno al pasado. La política turbayista, en el campo internacional, se aferró a un renovado compromiso con la doctrina Suárez e intentó matricular al país en el clásico modelo de alineamiento con los Estados Unidos, que había empezado a desmontar con éxito el Presidente López Michelsen.

En síntesis, se puede plantear que la política exterior colombiana tendrá de ahora en adelante dos parámetros básicos: en primer lugar, el polo de la autonomía, representado por la política exterior de Belisario Betancur, que es la versión más reciente de la nueva política exterior colombiana inaugurada en firme por López Michelsen y, en segundo lugar, el polo de la dependencia, representado por la estrategia internacional del gobierno del Presidente Turbay, que corresponde a la última edición de la doctrina Suárez. Esta interpretación aporta elementos interesantes en cuanto a la caracterización de la política internacional del gobierno de Belisario Betancur, pero también despertó algunas inquietudes entre los participantes en el debate.

En primera instancia cabría preguntarse si el tipo de actividad que desarrolló la política exterior de López Michelsen es comparable en contenidos reales y alcances efectivos con el perfil que muestra la estrategia internacional del Presidente Betancur. De otra parte, la coincidencia de los dos gobiernos en ciertas acciones de la política exterior no parecería suficiente para argumentar que se fundamentan conceptualmente en los mismos principios, puesto que una revisión del manejo del discurso, el estilo y el sentido de la actitud internacional muestra profundas diferencias entre la política internacional de Belisario Betancur y la del expresidente Alfonso López Michelsen. Por último, la política internacional de la administración Betancur está estrechamente ligada a los objetivos de su proyecto político doméstico, situación que no es fácilmente comparable con la ausencia de lazos determinantes entre la dimensión externa e interna, que caracterizó el proyecto político del gobierno de López.

Belisario Betancur:
La Crisis del Modelo Frentenacionalista

La anterior aproximación analítica, al contrastar la política internacional de la administración Betancur con la tradición reciente en relaciones internacionales, enfatiza las similitudes y la continuidad entre lo novedoso del pasado y las innovaciones del presente. Pero para otros analistas, la comparación entre el modelo de relaciones exteriores del Presidente Belisario Betancur y el de los gobernantes del último cuarto de siglo, sugiere más bien que en el período 1982-1984 se ha presentado un sisma profundo, una ruptura definitiva, en la política exterior colombiana.

Si se toma el último cuarto de siglo, desde la creación del Frente Nacional, se observa que paralelamente con la transformación institucional del sistema político nacional fue arraigándose un particular modelo de relaciones exteriores en Colombia. Dicho esquema de política exterior, que se podría denominar el "modelo frentenacionalista", ha estado vigente desde el decenio de los cincuenta hasta el gobierno de Belisario Betancur.

La concepción de política exterior que rigió las relaciones internacionales del país, hasta agosto de 1982, tiene una serie de parámetros generales que son los que le dan su continuidad histórica, aunque de acuerdo a la coyuntura recibieron mayor o menor énfasis por parte del presidente de turno. En primer lugar, hay que resaltar como un rasgo definido de esta política internacional la defensa de la legitimidad y vigencia del orden político hemisférico de posguerra. La Organización de Estados Americanos se coloca como el pilar de las relaciones internacionales regionales y se acepta que la estabilidad de las Américas está ligada al mantenimiento del conjunto de instituciones del Sistema Interamericano, que son, desde este punto de vista, el único medio efectivo de aglutinar institucionalmente a los países del área.

El panamericanismo es la ideología que dentro del modelo "frentenacionalista" soporta todo el esquema de relaciones internacionales continentales. La solidaridad hemisférica en las dimensiones política, económica y militar, es el principio que subyace dicho proyecto político externo. En la práctica, el respaldo a la estructura de relaciones hemisféricas y al ideal panamericanista se traduce en la aceptación del papel vital que deben jugar los Estados Unidos como garante de la seguridad interna y externa, y de la estabilidad política regional.

El segundo ingrediente que caracteriza dicho esquema de política internacional, y que se deduce del anterior, es la búsqueda del estrechamiento de las relaciones bilaterales con los Estados Unidos, tanto en la faceta económica y comercial como en la dimensión de la política internacional. Igualmente, la concepción de seguridad nacional es un ingrediente neurálgico en toda esta modalidad de relaciones internacionales.

El problema de la seguridad nacional y hemisférica esta definido con referencia a la confrontación Este-Oeste en el plano mundial. Es decir, el "enemigo" está claramente identificado como las ideologías totalitarias que representan una amenaza para los principios y regímenes democráticos. En los años cuarenta ese enemigo lo personificaban las dictaduras de naturaleza fascista, pero a partir de la Segunda Guerra Mundial se materializa en los países comunistas "totalitarios". La definición del "enemigo" también pasa por lo interno, donde aparecen las manifestaciones tropicales de esa "ideología antidemocrática", las cuales mantienen vínculos internacionales con los representantes foráneos del "comunismo internacional". En sus diferentes variantes e intensidades toda la política exterior colombiana del último cuarto de siglo se ha enmarcado dentro de los parámetros de esta concepción de relaciones internacionales.

El gobierno de Alfonso López Michelsen, a pesar de sus innovaciones en los distintos campos de la política internacional, también se puede encuadrar dentro de los lineamientos del esquema descrito arriba. Aunque López mostró una activa diplomacia presidencialista en favor de la convergencia multilateral regional y subregional, al tiempo que buscó la integración y normalización de las relaciones con Cuba, nunca puso realmente en tela de juicio la vigencia del Sistema Interamericano, el liderazgo hemisférico de los Estados Unidos y el valor de las relaciones estrechas con Norteamérica.

En la misma línea, las actuaciones de Colombia frente al Tercer Mundo estuvieron caracterizadas más bien por el formalismo ya que el Presidente López siempre sostuvo que Colombia había dejado de pertenecer al "club" de los países pobres. Este argumento reflejaba una posición internacional en favor de una figuración al lado de los grandes de América Latina y no entre los pequeños de Asia o Africa.

El gobierno de López llevó su política internacional a los límites permisibles del modelo frentenacionalista pero no se constituyó en la ruptura del esquema de relaciones internacionales vigente en las cuatro administraciones que le precedieron.

El gobierno de Turbay asume una política internacional fuertemente comprometida con la modalidad más clásica del paradigma tradicional de política exterior. En cierta forma se puede decir que el Presidente Turbay Ayala aprovecha las últimas posibilidades que ofrecía el esquema frentenacionalista de política exterior, en una coyuntura que le es favorable por su coincidencia con la estrategia internacional de la Administración Reagan. Pero la situación internacional, el contexto latinoamericano y las características del proceso político nacional cambian y se crean de esta manera las condiciones propicias para que con Belisario Betancur se de una "revolución" en el esquema de relaciones internacionales colombianas.

La política exterior de Belisario Betancur va un paso más adelante que la desarrollada por la administración López, dándole nuevos contenidos a las relaciones internacionales y renovando parte de los objetivos y el instrumental con que contaba el paradigma anterior. En síntesis, con el Presidente Betancur surge un modelo distinto de política internacional que rompe la tradición para constituirse en una alternativa novedosa para las relaciones exteriores de Colombia. La ruptura se define en la medida que la política exterior de la presente administración renuncia explícita e implícitamente a los lineamientos de la ideología frentenacionalista en materia de relaciones internacionales, creando un nuevo patrón, un naciente paradigma, cuyo único representante presidencial, hasta hoy, es Belisario Betancur.

Los rasgos esenciales del modelo "belisarista" muestran importantes diferencias con los lineamientos de la política internacional de los últimos veinticinco años. El primer elemento que divorcia ambas concepciones tiene que ver con la actitud frente a América Latina, y más concretamente frente a Centroamérica. En el esquema de relaciones internacionales de la actual administración el estrechamiento de los vínculos políticos con los países latinoamericanos es una prioridad que condiciona toda la actividad diplomática y las relaciones exteriores, aún a costa de tener que oponerse abierta y explícitamente a las estrategias regionales definidas por Washington.

El objetivo concreto ha sido romper el aislamiento político de Colombia frente a la América Latina no andina y buscar mayor articulación de la política internacional del país con la de otros centros de poder regional diferentes a Venezuela. Igualmente, se ha pretendido concretar un liderazgo continental que vaya más allá del Grupo Andino.

El segundo elemento, y tal vez el más característico de la nueva modalidad de política internacional, es la redefinición de las relaciones bilaterales con los Estados Unidos. Belisario Betancur rompió definitivamente con la tradición al ensayar alternativas distintas a la cotidiana articulación entre la política exterior doméstica y la norteamericana. Las relaciones con los Estados Unidos se han caracterizado en este gobierno por su mayor autonomía, endurecimiento, distanciamiento efectivo y hasta la confrontación retórica. Es decir, Colombia transitó de una política internacional "blanda", que algunos llamarían dependiente, hacia un esquema "duro" de relaciones bilaterales con norteamérica, que otros caracterizarían como anti-imperialista.

De los dos ingredientes de la nueva política internacional colombiana, mencionados arriba, se desprende el tercero que es un importante punto de quiebre entre el pasado y el presente. La administración Betancur ha asumido una actitud de profundo y activo cuestionamiento del Sistema Interamericano y de las organizaciones que lo soportan. El papel de la OEA ha sido relegado a un segundo plano por la diplomacia hemisférica colombiana, y de esta manera se ha matriculado al país en la cada día más fuerte corriente regional que rechaza los organismos interamericanos por su incapacidad e inefectividad, recientemente demostrada en el caso de la Guerra de Las Malvinas y en el tratamiento del problema del endeudamiento externo. Alternativamente, la política exterior colombiana ha buscado activamente concretar toda una serie de fórmulas de acción multilateral por fuera del marco de la institucionalidad de las relaciones hemisféricas tradicionales y del Sistema Interamericano.

Las iniciativas de convergencia multilateral, al margen de la Organización de Estados Americanos, se han convertido en los pilares de la política exterior del gobierno de Belisario Betancur. Durante el proceso de conformación del Grupo de Contadora y el Consenso de Cartagena, que congregan los esfuerzos multilaterales latinoamericanos para buscar alternativas de solución al conflicto centroamericano y a la deuda externa, el gobierno colombiano logró que las iniciativas se mantuvieran expresamente al margen de las instituciones del orden hemisférico.

Dicha actitud contrasta con la de otras acciones diplomáticas de anteriores administraciones que de alguna manera recurrían, por lo menos formalmente, a la mediación o participación de los organismos regionales, y respaldaban generalmente la legitimidad de la injerencia de la OEA. Esto ocurrió en el conflicto Peruano-Ecuatoriano en la Cordillera del Cóndor, en la guerra civil nicaragüense, en la reclamación panameña sobre el Canal y, más recientemente, en la Guerra de Las Malvinas.

Dentro de la política internacional del Presidente Betancur el elemento que muestra una ruptura más marcada, con el modelo frentenacionalista, es el concepto de seguridad nacional y hemisférica.

Dentro del diagnóstico de la política exterior del presente gobierno la Guerra de Las Malvinas demostró que la concepción de seguridad que subyace a toda las instituciones del Sistema Interamericano es inoperante, puesto que fue incapaz de impedir que se produjera una agresión extracontinental contra un país miembro. Del mismo modo, la vigencia de los criterios de posguerra sobre seguridad nacional son los que han permitido que en algunos países persistan dictaduras que han desembocado en situaciones de guerra, confrontación civil o desestabilización política interna.

A partir de esas reflexiones, que parecerían estar presentes en el diagnóstico que sustenta la política internacional de Belisario Betancur, el gobierno emprende la búsqueda de conceptos alternativos de seguridad nacional y hemisférica. Esquemáticamente se puede plantear que el "enemigo", para la nueva política exterior colombiana, ya no son necesariamente los estados que defienden ideologías "totalitarias" de naturaleza comunista, ya que la soberanía y seguridad nacional de los países de América Latina también puede estar amenazada o coartada por la fuerza militar, económica y política de otras naciones industrializadas occidentales. De allí que la garantía de la seguridad nacional y regional deba buscarse en la aproximación y la acción multilateral entre naciones hermanas.

Como complemento a todos estos elementos, la política exterior del Presidente Betancur también lleva mucho más lejos que en cualquier otro gobierno anterior el compromiso de Colombia con los intereses políticos y económicos del Tercer Mundo. El nivel de actividad en las organizaciones internacionales de corte tercermundistas, y la reiterada incorporación de las reclamaciones por un Nuevo Orden Económico Internacional, en el discurso, son ingredientes inusuales en la tradición reciente de la política exterior colombiana.

De esta rápida revisión de los elementos centrales de la nueva política exterior colombiana, puesta en vigencia por Belisario Betancur, se desprende que lo que ha ocurrido con la estrategia internacional del país es una definida ruptura en la historia de las relaciones exteriores colombiana. Hay una serie de factores que se deben considerar en detalle para comprender mejor la naturaleza de la actual política exterior, ya que explican por que el Presidente Betancur pudo dar ese paso.

La "escuela frentenacionalista" de política internacional, que se inicia cuando Alberto Lleras ocupa la Secretaría General de la Organización de Estados Americanos, integró poco a poco a las principales figuras políticas nacionales. De esta manera se aprecia cómo el Frente Nacional va socializando, en su particular modelo de relaciones exteriores, a los dirigentes políticos "presidenciables", ubicándolos en los puestos claves de la política internacional colombiana, como por ejemplo la Cancillería y la Embajada de Colombia en Washington. La participación y responsabilidad compartida por todos los futuros presidentes en el manejo y concepción de las relaciones internacionales del país, en los gobiernos anteriores a su mandato, es una fuerza política e ideológica que los compromete con la vigencia de dicho modelo.

Por el contrario, el caso de Belisario Betancur no se encuadra dentro de esta fórmula de "pedagogía" o socialización en política exterior. La única verdadera experiencia de Belisario Betancur en relaciones exteriores, previa a su elección como Presidente de la República, fue la representación diplomática de Colombia en España. El ejercicio de embajador, en momentos en que se gestaba la transición democrática española, tuvo un impacto definitivo en el Presidente ya que le permitió observar la política internacional desde una perspectiva distinta a la tradición colombiana.

Pero el factor más importante, que se origina en el hecho de que Belisario Betancur no fuera discípulo de dicha escuela, es que no establece compromisos reales o sólidos con ninguna de las variantes del modelo frentenacionalista. Es decir, el Presidente Betancur se encuentra mucho más libre intelectual, ideológica y políticamente para ensayar nuevos caminos y alternativas en política exterior. Esa carencia de compromiso activo con la política internacional de otras administraciones es un factor que le ayuda a concretar su propio esquema y materializar la ruptura con la herencia de un cuarto de siglo de relaciones exteriores.

Los expertos convocados consideraron que era necesario añadirle a estos planteamientos una anotación sobre el problema de la droga, las organizaciones internacionales de tráfico de estupefacientes y la política antinarcóticos de la administración Betancur. La preocupación fundamental de los Estados Unidos respecto a la política externa e interna de Colombia es el problema del narcotráfico. Los intereses norteamericanos de carácter político, económico y estratégico en el país son esencialmente menores, o están suficientemente protegidos, por lo que las relaciones bilaterales se encuentran prácticamente supeditadas a la evolución de la lucha gubernamental contra el tráfico de drogas y la mafia colombiana.

Haciendo una abstracción se podría llegar a afirmar que la preocupación de la política internacional de los

Estados Unidos respecto a Colombia, en la presente coyuntura, prácticamente se reduce a una única cuestión: el problema del narcotráfico; y todo lo demás son arandelas más bien poco relevantes. Esta realidad ha llevado a que la administración Betancur acepte los lineamientos básicos y la interpretación norteamericana sobre las raíces del problema y las terapias para erradicar la droga, e implemente las políticas diseñadas por la administración Turbay Ayala, en estrecha colaboración con las autoridades norteamericanas.

El gobierno de López Michelsen se aferró a la interpretación de que el problema del narcotráfico era esencialmente una cuestión que afectaba a los países consumidores, y por lo tanto, la responsabilidad primordial y el costo del control del contrabando de drogas debería recaer sobre los Estados Unidos. Es decir, la administración López planteó el problema de la producción y distribución de estupefacientes en Colombia como una secuela de la incapacidad de los gobiernos de los países consumidores para ponerle coto a la expansión de la drogadicción entre su población.

Posteriormente, el giro de la política exterior durante la administración Turbay Ayala, con el consecuente acercamiento del país a los Estados Unidos, implicó también la redefinición de la política de lucha contra el narcotráfico. La estrategia del pasado gobierno para el control al contrabando de estupefacientes recogió la interpretación y prácticamente todas las recomendaciones y propuestas que hicieran las administraciones Carter y Reagan, dándoles amplia aplicación. Desde este punto de vista el narcotráfico es un problema que también atañe directamente los gobiernos de los países productores ya que su existencia es una amenaza para la seguridad interna y para la estabilidad de las instituciones políticas. Es decir, la droga es un problema doméstico de cada país productor, con definidas ramificaciones internacionales.

La estrecha relación de la administración Turbay con los Estados Unidos, y la homogeneidad de criterios frente al problema del narcotráfico, condujo al desarrollo de los tratados de extradición y de asistencia legal como herramientas de lucha internacional contra la mafia de la droga. Complementariamente, Colombia dedicó importantes recursos económicos y militares a la lucha contra el narcotráfico a nivel nacional.

La posición del Presidente Belisario Betancur frente al problema de la droga ha sido tal vez el único elemento de la política internacional del gobierno que refleja una casi total continuidad respecto a las realizaciones de la administración Turbay. En esa dimensión concreta parecería que existe una fuerte incoherencia en la concepción de la política exterior ya que el gobierno está dispuesto a extraditar colombianos, "entregar" dicen algunos, para ser juzgados en los Estados Unidos. Este principio aparentemente riñe con una posición autónoma en el campo internacional, al tiempo que cuestiona uno de los fundamentos de la independencia nacional, consagrado en la Constitución, como lo es la soberanía de la justicia colombiana para definir la situación legal de los colombianos nacionales residentes en el país. En síntesis, la posición del Presidente Betancur sugiere un divorcio sensible entre los principios que parecen regir su política internacional y las acciones concretas que se han adelantado en el tratamiento del problema del narcotráfico.

De aquí surge un interrogante que tiene relación con el problema de definir el grado real de ruptura con el pasado, de la política exterior del Presidente Betancur. En primer lugar, la estrategia para la lucha contra el tráfico de drogas es, en cierta forma, la misma que se heredó de lo tiempos del gobierno de Turbay. En segundo lugar, este punto es el único aspecto de las relaciones bilaterales al cual los Estados Unidos le da verdadera prioridad. Por lo tanto, cabría preguntarse si lo que está sucediendo es, más bien, que se "viene dando gusto" al gobierno norteamericano en el asunto del narcotráfico, que es el aspecto que verdaderamente le interesa, para poder hacer manifestaciones de autonomía en dimensiones que no tienen que ver realmente con la independencia de los procesos políticos y económicos internos. De ser así, la ruptura sería más aparente que real en lo que atañe a la injerencia e influencia norteamericana sobre las realidades internas.

Una Ruptura Dentro de la Continuidad

Al abordarse el problema de la continuidad o ruptura de la política exterior de Belisario Betancur, frente a la tradición de relaciones internacionales del país, se han esbozado dos posiciones claramente encontradas. De una parte está la interpretación que resalta el componente de continuidad y enfatiza aquellos elementos que sugieren una acción internacional bien ligada a la tradición reciente de la política exterior colombiana. De otra, están las versiones que encuentran en el modelo de relaciones internacionales aplicado por el Presidente Betancur un quiebre histórico con el paradigma que rige la política internacional desde hace veinticinco años. Pero necesariamente surge una visión alternativa que resalta la presencia de ambos ingredientes simultáneamente, y que argumenta la existencia complementaria de fuerzas de innovación pero también elementos de la tradición que permiten caracterizar a la política internacional como una ruptura dentro de la continuidad.

Un punto que en las anteriores argumentaciones no se mencionó, a pesar de su trascendencia, fue el manejo de las relaciones bilaterales con Venezuela y la política internacional frente al diferendo con ese país en torno a la delimitación de áreas marinas y submarinas. Este aspecto de las relaciones internacionales de Colombia tienen gran importancia por razones políticas internas, estratégicas y económicas.

Desde el punto de vista político el diferendo con Venezuela tiene definitiva importancia para los militares, ciertos estamentos sociales y amplios sectores parlamentarios. En la dimensión económica su trascendencia radica en las buenas posibilidades de que en las zonas en disputa se encuentren mantos de hidrocarburos. Por otra parte, las relaciones económicas bilaterales con Venezuela, que dependen no poco de la forma en que se lleve esta disputa territorial, son de gran trascendencia para Colombia, en términos de la seguridad nacional, la estabilidad del sector externo y el crecimiento económico.

La importancia que posee para las relaciones internacionales de Colombia el mantenimiento de vínculos constructivos con su vecino país, Venezuela, vuelven relevante explorar la posición del actual gobierno frente a ese tema. La realidad es que en esta faceta de la política exterior colombiana no ha ocurrido un cambio significativo en comparación con la línea de acción adelantada por las anteriores administraciones. Por el contrario, el manejo de los asuntos bilaterales con Venezuela y la estrategia frente al diferendo por la delimitación de áreas marinas y submarinas, sigue dentro de la tradición de apego a las directrices definidas por el derecho internacional y dentro de los marcos de las instancias diplomáticas convencionales.

En síntesis, una área de la política internacional vital para los intereses nacionales, como son las relaciones con Venezuela, viene siendo manejada por la administración Betancur dentro del contexto de la tradición de la política exterior colombiana. En esta faceta de las relaciones internacionales del país el gobierno sigue apegado a aquellos mecanismos que han demostrado estar hoy todavía vigentes por su funcionalidad y eficacia, es decir, es una dimensión en la cual se reconoce que la continuidad defiende los intereses de la Nación.

Al considerar la política exterior del gobierno en un sentido amplio se puede integrar al análisis la discusión de lo que viene ocurriendo con el manejo de la política económica internacional. La estrategia económica internacional de la Administración Betancur se fundamenta en dos ejes centrales: incremento de los flujos de capital, ya sea a través de financiación de la banca privada internacional o del capital extranjero, y la búsqueda de nuevos mercados para las exportaciones y productos colombianos, especialmente en los países industrializados.

El instrumental que se ha utilizado para lograrlo es el tradicional —devaluación gota a gota, estímulos financieros a los exportadores, subsidios fiscales, etc.—, que contempla el Decreto 444 con algunas innovaciones que se le introdujeron a través de la Ley Marco de Comercio Exterior. Adicionalmente, se ha fortalecido la autonomía de la Federación de Cafeteros para administrar el mercado internacional del café, y se ha ampliado su capacidad de endeudamiento externo. En síntesis, en la política económica internacional no han ocurrido cambios sustantivos, por lo que se constituye en un ingrediente que refleja nuevamente la continuidad en el actual esquema de política exterior.

A esta lista se le podría sumar otro ejemplo interesante que corrobora la afirmación de que la política internacional de Belisario Betancur es bastante menos divorciada del pasado de lo que generalmente se cree. El lugar que ha ocupado el Grupo Andino dentro de la estrategia internacional del gobierno está en consonancia con el papel que ha tenido en el pasado. Igualmente, es posible argumentar que aunque la coyuntura política y económica favorecería la disolución del Pacto Subregional, el Presidente Betancur lo ha respaldado ampliamente. La búsqueda de alternativas de acción para la reorientación del Acuerdo de Cartagena y la exploración de nuevos mecanismos de integración andina, son dos principios que han caracterizado la actual política subregional de Colombia.

Esta rápida revisión de algunos aspectos esenciales de la política internacional colombiana, y que no se habían considerado en las anteriores argumentaciones, arroja evidencia suficiente sobre la presencia de fuertes rasgos de continuidad entre la política exterior de Belisario Betancur y la de otras administraciones. Para algunos de los expertos se puede concluir, más concretamente, que el principio básico que rige la actual política exterior es el de no innovar por el prurito de hacerlo, sino más bien intentar mantener vigente las políticas sectoriales exitosa; pero cambiar o remozar los componentes de la política internacional que han dejado de ser efectivos para la defensa de los intereses nacionales en el contexto de un sistema internacional en transición.

La ruptura en la tradición del manejo de ciertos componentes de la política exterior colombiana, durante la administración Betancur, se origina primordialmente en los cambios que se han dado en el contexto exterior. El sistema global de relaciones internacionales hemisféricas ha sufrido profundas alteraciones en el último decenio y particularmente en lo que va corrido de los años ochenta. El Sistema Interamericano sufrió un quiebre profundo a partir de la Guerra de Las Malvinas, existe una desconfianza generalizada en la capacidad política de la OEA, el endeudamiento externo de América Latina se multiplicó por seis en solo diez años, las tensiones políticas en Centroamérica han desembocado en guerras abiertas, y así sucesivamente. Es decir, considerando la evolución de las distintas facetas de las relaciones económicas y políticas continentales es evidente que se presentó un profundo quiebre en el contexto internacional en el que está insertado el país.

Los voceros del viejo esquema frentenacionalista de política exterior, es decir todos aquellos que ven representados sus intereses en el sistema de relaciones internacionales gestado en la posguerra, no se han percatado de que el modelo se derrumbó y hoy no se puede reencauchar. Los lineamientos de la política exterior colombiana de los últimos veinticinco años son anacrónicos frente a las realidades internacionales contemporáneas. Ante este hecho es necesario buscar una alternativa de política exterior, sin perder aquellos elementos más caracterizados y valiosos de la tradición de las relaciones internacionales del país.

En síntesis, la política exterior del Presidente Betancur pretende adaptar, progresiva y selectivamente, las relaciones internacionales de Colombia a estas nuevas y hasta hoy desconocidas condiciones externas. El Presidente Belisario Betancur busca innovar para encontrar respuestas de política en aquellos frentes donde la tradición de la política internacional colombiana se volvió obsoleta frente a las condiciones y retos que se imponen desde el exterior.

Una Ruptura en el Discurso

Desde otro punto de vista, al examinar la política exterior del Presidente Betancur, con el ojo crítico que contrasta realidades efectivas con los enunciados retóricos, se puede llegar a la conclusión de que no se ha presentado en la práctica ninguna transformación radical frente a la tradición colombiana de política internacional, que arriba se ha denominado como el "Modelo Frentenacionalista". El aparente divorcio con el pasado es más bien el resultado de una ruptura exclusivamente a nivel del discurso y la actitud presidencial.

El Presidente Betancur ha mostrado gran capacidad Política para generar la impresión interna de que se ha desarrollado un replanteamiento de las relaciones bilaterales con los Estados Unidos, sin tener que redefinir contenidos reales con los vínculos políticos y económicos con los norteamericanos. Un análisis de los contenidos temáticos de los discursos presidenciales y del Canciller, en los distintos foros internacionales, efectivamente demuestran una clara línea "anti-imperialista", sobre todo anti-norteamericana, y en favor de la autonomía y la libre determinación de los países de América Latina. Pero, simultáneamente, se encuentra que el gobierno no ha avanzado en el sentido de compaginar la posición enunciada en la política internacional con las acciones en el ámbito interno y externo. Toda la estrategia financiera externa, por ejemplo, está ensamblada sobre el supuesto de unas relaciones bilaterales con los Estados Unidos cada vez más estrechas.

El reconocimiento de que hay más de retórica que de realidad, en el divorcio de la política internacional de Belisario Betancur con la herencia del pasado, según otros asistentes, no debe ser interpretado exclusivamente como un rasgo negativo o desfavorable. Por el contrario, aunque los verdaderos contenidos de las políticas de la presente administración están muy poco alejados de la tradición reciente en materia de política internacional, el simple hecho de replantear las relaciones bilaterales con los Estados Unidos, aunque sea de manera retórica, es un avance en la búsqueda de nuevos caminos para la política exterior colombiana. Igualmente, es necesario tener en cuenta que la actitud antinorteamericana en el discurso satisface antes que nada importantes objetivos de política interna.

Un Esbozo de Conclusiones

El debate sobre continuidad o ruptura en la política exterior de Belisario Betancur permitió ilustrar las diferentes interpretaciones existentes sobre el lugar que ocupa el actual modelo de relaciones exteriores dentro de la tradición contemporánea en esa materia. Pero también a partir de allí surgieron una serie de conclusiones y de nuevos interrogantes que es conveniente reseñar para obtener el panorama completo.

En primer lugar, algunos de los participantes concluyeron el debate destacando el hecho de que la política exterior de la Administración Betancur no es tan nueva como generalmente se cree. Es decir, existen innovaciones importantes pero ninguna de ellas refleja una transformación o un giro fundamental respecto a las experiencias recientes de la política exterior de otros gobiernos. Por el contrario, lo que se aprecia es que Belisario Betancur remienda el bache abierto por la estrategia de relaciones internacionales del Presidente Turbay Ayala, devolviéndole la fuerza perdida a las corrientes de modernización y apertura inauguradas en los gobiernos de Lleras Restrepo y López Michelsen.

Desde otra perspectiva, la política exterior del Presidente Betancur es un nuevo paradigma en cuanto a la concepción de las relaciones exteriores del país. El estilo, las acciones, los conceptos y los resultados sugieren que se está ante un sisma definitivo en la tradición de la política internacional colombiana. Con Belisario Betancur se inicia una nueva etapa o un nuevo marco de referencia que ofrece toda una gama distinta de posibilidades para el desarrollo de la política exterior nacional.

El elemento que caracteriza el esquema de política internacional del Presidente Betancur, donde radica la verdadera ruptura, es su posición frente a las relaciones bilaterales con los Estados Unidos. El gobierno tiene claridad conceptual y política sobre la necesidad de redefinir paulatinamente los vínculos con las estrategias y los lineamientos norteamericanos, como requisito para poder transitar hacia una posición internacional más autónoma e independiente. Las consecuencias de este paso, hasta cierto punto revolucionario dentro de la herencia de subordinación que ha caracterizado la política exterior colombiana, se proyectarán sobre todo el futuro de las relaciones internacionales del país.

La política internacional tendrá, a partir del actual esquema, una repercusión decisiva sobre los procesos políticos domésticos ya que el Presidente Betancur ha generado una importante polarización ideológico-política en torno a la concepción del modelo de relaciones exteriores. El país ha comprendido con Belisario Betancur que ya no es una realidad inescapable el plegamiento de la política exterior a las directrices dictadas por Washington.

Para otros analistas, lo que ha ocurrido con la política exterior del Presidente Betancur es una modernización del esquema de relaciones exteriores del país que se encontraba resagado frente a las transformaciones que se han dado en los últimos diez años en el contexto internacional. En cierta forma, el esfuerzo del actual gobierno para modificar la política exterior se puede definir como una "latinoamericanización" de la estrategia internacional, buscando ponerla en mayor consonancia con las corrientes que se vienen gestando en los demás países de América Latina. El objetivo de la nueva política exterior colombiana es, en resumen, superar el aislamiento conceptual e ideológico en que las políticas frenteancionalistas mantuvieron sumidas, por más de un cuarto de siglo, a las relaciones internacionales.

El gobierno del presidente Turbay mostró que el "Modelo Frentenacionalista" ya no era funcional a las realidades internas y externas colombianas, de ahí que surgiera la inquietud y la necesidad histórica de concretar alternativas. Adicionalmente, el excesivo compromiso con los Estados Unidos tampoco resultó ser eficiente para la defensa de los intereses nacionales. El alineamiento incondicional con Washington, en el ámbito internacional, ya no era productivo puesto que los norteamericanos lo daban por descontado y actuaron bajo el supuesto de que el país no exigía ningún tipo de reconocimiento efectivo o contraprestación. El papel de Colombia en las relaciones bilaterales con los Estados Unidos se podría equiparar al del "enamorado insistente" nunca suficientemente correspondido.

Desde otro ángulo, la política exterior del Presidente Betancur se presenta como una ruptura por su novedosa interpretación de los ejes del conflicto internacional y los polos de cohesión. En el pasado la política internacional se regía por una definición muy concreta: el conflicto internacional está determinado por la confrontación horizontal entre el bloque de las democracias liberales, el Oeste, y el grupo de las naciones totalitarias o dictaduras comunistas, el Este. Correspondientemente, los polos de cohesión internacional se generaban verticalmente alrededor de los centros de cada uno de estos dos bloques, Estados Unidos y la Unión Soviética.

Colombia, por estar inmersa política, histórica e ideológicamente en el bloque de Occidente, tiene, entonces, sus intereses y su seguridad nacional estrechamente ligadas a la prevalencia internacional del eje liderado por los Estados Unidos. Dentro de este marco de referencia se movió por mucho tiempo la política internacional colombiana.

A partir de Belisario Betancur se redefinen los parámetros interpretativos sobre los cuales se construye la política internacional del país. El conflicto fundamental ya no se da en un plano horizontal, entre Este y Oeste, sino que la confrontación es más bien de carácter vertical, entre un Norte poderoso e impositivo, y un Sur subordinado y dependiente. Consecuentemente, la nueva política exterior colombiana tiene como pieza central la intención de participar activamente en la consolidación de nuevos ejes de cohesión entre países del Tercer Mundo. En síntesis, la ruptura en la tradición de la política internacional colombiana se origina en la negación, que realiza el Presidente Betancur, de los criterios heredados de la guerra fría, como base de la interpretación de las relaciones internacionales. Consecuentemente, el actual gobierno integra una visión tercermundista que realmente no tenía fuertes antecedentes en la política exterior del país.

De la revisión de las distintas caracterizaciones de la política exterior del Presidente Betancur, que se resumieron anteriormente, surgió una inquietud fundamental. ¿Cuál es el nivel real de ruptura que muestra la política exterior de Belisario Betancur frente a las relaciones bilaterales con los Estados Unidos?

Para los expertos convocados el criterio para definir el grado de ruptura debe partir del reconocimiento de las posibilidades que ofrecen las condiciones concretas. Es decir, el Presidente Betancur está limitado en sus posibilidades de ruptura y de redefinición de las relaciones con los Estados Unidos, por un conjunto de parámetros que se desprenden de las realidades históricas, políticas y económicas del país. La dependencia comercial, financiera y tecnológica, sumado a una tradición de más de medio siglo de alineamiento con Washington, y la estrecha compenetración de importantes sectores sociales dirigentes con la ideología pro-norteamericana, son factores que aunados determinan un margen de acción bien estrecho para la política exterior en este campo.

De esta manera, la posición de Belisario Betancur, en cuanto hace a las relaciones con los Estados Unidos, coloca la política exterior en el límite más independiente del escaso margen de maniobrabilidad que se tiene. No se trata de un replanteamiento de carácter revolucionario, al estilo de los que se gestan con un dislocamiento del orden interno como el ocurrido con la revolución en Nicaragua o Cuba, sino de aprovechar al máximo las pocas posibilidades que ofrecen las realidades de la dependencia para mostrar un perfil de política internacional algo más autónomo.

Reconociendo las limitaciones objetivas, se puede plantear que en el aspecto de la redefinición de las relaciones bilaterales con los Estados Unidos la política internacional del presente gobierno ha ido más lejos que ningún otro en el discurso y en las acciones frente al problema centroamericano; pero, simultáneamente, ha mantenido las características internas de dependencia financiera y económica. En síntesis, la línea de política exterior de Belisario Betancur se podría definir más como una posición no incondicional frente a Washington, antes que abiertamente independiente.

Teniendo en cuenta que una de las piezas centrales de la estrategia internacional de la administración Betancur es la de redefinir, dentro de las posibilidades concretas, las relaciones bilaterales con Estados Unidos, surgió entre los participantes la inquietud de que si esta política ha tenido como contrapartida una respuesta de mayor actividad y perfil en las relaciones con las naciones europeas.

Las Relaciones Colombo-Europeas

En primer lugar, es necesario dividir el análisis en dos niveles: por un lado la voluntad política, y por otro, las realidades de lo que ha ocurrido con las relaciones colombo-europeas desde mediados de 1982. La política exterior del Presidente Betancur sí ha buscado expresamente lograr un respaldo efectivo de Europa para el proyecto político colombiano, tanto en su dimensión interna como internacional. Ante la posibilidad evidente de que los intereses norteamericanos en Centroamérica estuvieran en conflicto con las acciones del Grupo de Contadora, la política internacional colombiana intento profundizar su actividad en el frente europeo para generar un apoyo que pudiera contrarrestar los esfuerzos disgregadores de los Estados Unidos. Pero en contra de esta posibilidad han conspirado tanto la situación política y económica de los países industrializados, como la propia inefectividad de la infraestructura diplomática colombiana.

La situación actual de las relaciones exteriores colombianas con los países europeos es de una gran ambigüedad. De una parte, se ha obtenido un apoyo retórico en favor de las acciones del Grupo de Contadora; pero de otra, ninguno de los países grandes del viejo continente se ha arriesgado a movilizar sus recursos reales de poder para respaldar efectivamente las iniciativas de paz y cooperación económica para Centroamérica. En general, se constata una considerable subordinación de la posición europea en América Central, y frente al esfuerzo de Contadora, a las directrices que determine Washington. Igualmente, el apoyo formal a Contadora tampoco se ha traducido en un respaldo financiero y comercial de Europa a Colombia, que en las actuales circunstancias es un requisito puesto que el debilitamiento del sector externo amenaza con desarticular el proyecto político global del Presidente Betancur.

Las razones que explican esta situación tienen que ver, en primera instancia, con las nuevas condiciones políticas y económicas que priman actualmente en el bloque de los países industrializados. La recuperación de la economía europea depende hoy de su capacidad para aprovechar el dinamismo económico de los Estados Unidos, que es el único segmento de la economía mundial que muestra tasas de crecimiento satisfactorias. Es decir, mientras los norteamericanos lideren la recuperación económica mundial y las naciones europeas mantengan su situación de relativo estancamiento, acompañado de inflación y desempleo, se mantendrá la situación de plegamiento de sus respectivas políticas internacionales a las directrices de Washington.

En el nivel político también hay factores que explican la falta de compromiso de Europa para con la política exterior colombiana. Dentro de esta dimensión se destaca, en primer lugar, el hecho de que para todo el mundo era una posibilidad tangible la reelección del Presidente Reagan y prácticamente todos los analistas coincidieron en afirmar que un segundo período del Mandatario norteamericano se traduciría en un aún mayor endurecimiento de su política internacional, específicamente frente a Centroamérica. Ningún país europeo quiere entonces entorpecer sus relaciones vitales con los Estados Unidos, respaldando activamente a Contadora y a la política internacional colombiana, a cambio de dudosos beneficios en áreas donde sus intereses son bastante difusos.

De otra parte, no hay que desconocer el impacto que tiene la ola de victorias políticas de los partidos de derecha en la mayoría de las naciones importantes del mundo industrializado. Canadá, Inglaterra, Alemania, y varios otros países europeos están hoy gobernados por las contrapartidas políticas del Partido Republicano norteamericano, garantizándose de esta forma una amplia afinidad ideológica entre sus respectivas políticas internas y externas.

Para explicar porque no se ha logrado movilizar a los europeos en favor de la política internacional de Colombia y el Grupo de Contadora habría que añadirle a estos ingredientes externos los errores de la propia Administración Betancur. La infraestructura diplomática con que cuenta el país en Europa es de una gran debilidad y siempre ha sido uno de los botines burocráticos más codiciados por los distintos sectores políticos. De esta manera, el equipo de colaboradores que supuestamente deberían respaldar la "ofensiva europea" es ineficiente, poco capacitado y débilmente comprometido con las líneas de política que define Bogotá.

En resumen, la estrategia de comprometer a los europeos en el respaldo a la política internacional del Presidente Betancur ha fracasado por la inefectividad de la infraestructura diplomática del país en el exterior y por las condiciones políticas y económicas adversas que priman en el interior del grupo de los países industrializados.

Adicionalmente, las buenas relaciones bilaterales con España, debidas en gran parte a la cercana amistad del Presidente Betancur con Felipe González, no han sido suficientes para comprometer a las naciones europeas con gobiernos socialistas en un abierto respaldo para con la estrategia de paz del Grupo de Contadora. Por ejemplo, es notorio el alto grado de deterioro que han sufrido las relaciones con la Francia de Mitterrand, tanto por problemas de carácter comercial y financiero como por las iniciativas del gobierno socialista francés en Centroamérica, que poco han servido para afianzar la política exterior colombiana en la región.

Nuevos Contenidos en Viejos Envases

Del debate sobre continuidad o ruptura en la concepción y diseño de la política exterior colombiana surgieron inquietudes relevantes sobre la correspondiente evolución que ha mostrado la estructura institucional y orgánica del manejo de las relaciones internacionales del país. ¿Los cambios que se han venido produciendo en la concepción de la política internacional de la Administración Betancur han repercutido favorablemente sobre la infraestructura formal y orgánica de la Cancillería, la labor diplomática, la capacidad técnica de la burocracia del Ministerio de Relaciones y la eficacia de las representaciones del país en el exterior?

Aunque uno de los objetivos explícitos de la gestión del Ministro de Relaciones Rodrigo Lloreda Caicedo era librar una "guera civil prolongada" en la Cancillería, que supuestamente desembocaría en una reestructuración institucional y un mejoramiento de la exigüa capacidad técnica del organismo, la situación no sufrió modificaciones sensibles en lo corrido del gobierno de Betancur. La intención de volver más coherente y articulada la gestión interna del equipo técnico de la Cancillería y la labor del cuerpo diplomático, como un respaldo necesario para la nueva, activa y más compleja política internacional, no se tradujo prácticamente en ninguna transformación significativa. No obstante que los contenidos de la política exterior se han modernizado y puesto más a tono con las realidades contemporáneas, la estructura institucional y la calidad técnica de los organismos formalmente encargados de respaldar la gestión internacional del Presidente y del Canciller sigue sumida en un atraso desproporcionado.

El proceso de toma de decisiones sobre la política internacional sigue careciendo de muchos de los más elementales insumos técnicos y de básicos recursos de información. Dentro de este contexto de inadecuación institucional se mantienen los rasgos de fragmentación, compartimentalización y presidencialismo que han caracterizado históricamente la concepción, administración y formulación de la estrategia de relaciones internacionales del país.

La situación de desactualización del apoyo orgánico y técnico con que cuenta la política internacional puede traducirse en un obstáculo serio para el avance del nuevo modelo de relaciones exteriores. En la medida que prosiga la profundización de las tendencias de apertura y diversificación de las relaciones internacionales, al mismo tiempo que Colombia asume un papel cada vez más activo en las nuevas instancias de convergencia multilateral, como el Consenso de Cartagena, es bien probable que empiece a sentirse un conflicto entre la incapacidad de la infraestructura de la Cancillería y las exigencias que se desprenden las aspiraciones modernizantes de la política exterior. El viejo envase institucional empieza ya a ser desbordado por la fuerza y la dimensión de los nuevos contenidos de la política internacional.

Los factores que podrían explicar porque no se ha dado una renovación de las estructuras convencionales para el manejo de la política exterior, por lo menos equivalente a lo que se aprecia a nivel de los contenidos, tienen que ver con las relaciones de poder que se han tejido en torno al actual statu quo. En primer lugar, la estructura institucional vigente favorece la autonomía de la Presidencia de la República en el manejo de las relaciones internacionales del país. Una cualificación de la capacidad técnica y de la infraestructura institucional del Ministerio de Relaciones Exteriores podría fortalecer la posición del Canciller dentro del proceso de decisión de la política internacional, en desmedro del poder presidencial. De esta forma, la instancia menos interesada para que se de una reformulación del respaldo técnico, burocrático e institucional de las relaciones internacionales colombianas puede ser la misma Presidencia de la República.

De otra parte, las representaciones de Colombia en el exterior y el Cuerpo Diplomático han sido un poderoso recurso de poder para administrar los problemas políticos internos, al tiempo que se constituyen en una de las dimensiones burocráticas más codiciadas de todo el sector público. Por ello, los partidos, incluidos todos sus distintos sectores y matices, tienen afincados importantes intereses políticos en la vigencia del actual esquema institucional.

En síntesis, a pesar del esfuerzo personal del Canciller Lloreda para rediseñar la infraestructura técnica e institucional del manejo de las relaciones internacionales del país, los intereses políticos comprometidos en el actual esquema son suficientemente poderosos para neutralizar cualquier iniciativa seria en esa dirección.

Una Caracterización de la Ruptura

Para terminar la discusión del tema de continuidad o ruptura en la política exterior se intentó realizar, desde esta perspectiva, una caracterización final de la estrategia de relaciones internacionales de Belisario Betancur. El rasgo que predomina en la actual política internacional es la ruptura frente a la tradición reciente de relaciones exteriores en Colombia, y ese ingrediente de "quiebre" es el que suscita el especial interés que dicha política ha despertado nacional e internacionalmente. La posibilidad de desarrollar algunas innovaciones importantes en materia de relaciones internacionales se vio favorecida por la coyuntura doméstica e internacional que propició el liderazgo colombiano en el contexto regional y creó un clima político interno apropiado para que el Presidente pudiera avanzar en la redefinición de los lineamientos de la política exterior.

La ruptura se ha concretado primordialmente en la forma en que se presentan los problemas y en los contenidos del discurso, pero esta actitud no se ha traducido en un rediseño equivalente en los lazos estructurales, económicos y políticos, que subyacen las realidades de las relaciones internacionales del país. Los elementos novedosos residen primordialmente en el cuestionamiento de la vigencia del Sistema Interamericano y en la formulación de alternativas de convergencia multilateral por fuera del marco jurídico de los organismos internacionales hemisféricos, tales como el Grupo de Contadora y el Consenso de Cartagena. Igualmente, un aspecto relevante es la reformulación, casi que exclusivamente en la dimensión retórica, de las relaciones bilaterales con los Estados Unidos, que sin llegar a convertirse en una confrontación sí equivale a un considerable distanciamiento.

Por último, las innovaciones que se aprecian en los contenidos y actitudes de la política exterior del Presidente Betancur no se tradujeron en cambios comparables en la infraestructura orgánica e institucional de las relaciones internacionales. El equipo técnico, el Cuerpo Diplomático, y las representaciones de Colombia en el exterior siguen apegados al estilo y la inadecuación que históricamente los ha caracterizado.

IV
La política exterior y el proceso político nacional

La incorporación del tema "La Política Exterior y El Proceso Político Nacional", dentro de las sesiones del seminario, tuvo como objetivo que los participantes aportaran criterios interpretativos sobre las distintas articulaciones y vínculos que existen entre la política exterior del Presidente Betancur y su proyecto político doméstico. El desarrollo del debate, en torno a este tópico, posibilitó una más clara definición de las determinaciones recíprocas que se han establecido entre la estrategia de relaciones internacionales de la Administración Betancur y la dinámica de los principales componentes de la política interna. Igualmente, la discusión permitió explorar el impacto que ha tenido la política exterior sobre la lucha partidista, la búsqueda de la paz, la violencia política y, en general, sobre la evolución del proceso político colombiano.

Política Exterior y Política de Pacificación:
Dos Caras de la Misma Moneda

El primer aspecto que se destacó de las relaciones entre la política exterior y el proceso político nacional es la estrecha articulación que existe entre la estrategia de pacificación del Presidente Betancur y las innovaciones que se han dado en el campo de las relaciones internacionales del país. El gran avance de la política de paz del actual gobierno, en contraste con la del Presidente Turbay Ayala, es haberle incluido la dimensión internacional al problema guerrillero, a través de la nueva política exterior.

La política de paz con los grupos alzados en armas, que se intentó estructurar en los últimos meses del gobierno del Presidente Turbay, no reconocía el componente internacional que subyace inescapablemente todo el contexto de la subversión latinoamericana y colombiana. Un ingrediente importante que explica el fracaso de dicho esquema de pacificación fue el no haber implementado mecanismos para incluir, dentro de las diferentes políticas, una estrategia orientada a integrar la dimensión internacional del problema.

La lucha guerrillera en Colombia está definida de forma bastante paralela a la confrontación política internacional entre las naciones de Occidente y el bloque de países socialistas, además por las pugnas al interior de este último. Es decir, la posición ideológica de los diferentes grupos guerrilleros, con sus naturales matices, está fuertemente ligada a las distintas vertientes internacionales del pensamiento revolucionario y socialista. A su vez la proximidad ideológica ha generado lazos importantes de solidaridad política entre los países representantes de esas ideologías y los diversos grupos guerrilleros, que se traducen en respaldo económico, militar, etc. Sin llegar a aceptar el trillado argumento de ciertos sectores de la derecha que sostienen que los revolucionarios latinoamericanos son peones de brega de los intentos desestabilizadores propiciados por las potencias socialistas, la realidad parece ser que entre unos y otros sí existen significativas relaciones de carácter político, ideológico y militar.

De otra parte, un elemento definitivo dentro del discurso revolucionario es el problema internacional y la lucha contra el imperialismo norteamericano, hasta el punto que, por ejemplo, las FARC consideran que su enemigo fundamental es, aún más que el mismo ejército colombiano, los Estados Unidos. El rol prioritario que desempeña la problemática mundial y la lucha política internacional, dentro de las preocupaciones ideológicas y políticas de los grupos guerrilleros, hace que estos sean muy receptivos a las iniciativas y a la actitud internacional del gobierno.

En síntesis, el conflicto armado entre los grupos guerrilleros y el estado colombiano tiene un importante ingrediente internacional que actúa de manera determinante sobre el proceso de la lucha revolucionaria en el país. La dinámica de la confrontación interna se encuentra ligada, en mayor o menor grado, a la evolución paralela del contexto internacional y la relación que establezca Colombia con los Estados Unidos y con los países socialistas o las naciones dirigidas por gobiernos revolucionarios. En pocas palabras, el proceso de pacificación nacional emprendido por el Presidente Betancur ha partido del reconocimiento de que la paz política colombiana pasa también por Cuba, Nicaragua, Unión Soviética y China, realidad que aceptó tempranamente el gobierno y que definió en gran parte los vínculos entre la dimensión interna y la estrategia internacional del proyecto político presidencial.

Los beneficios derivados de la nueva política exterior del Presidente Betancur, para la consolidación del proceso de paz, son de naturaleza internacional e interna. En el ámbito interno la función primordial asignada a la política internacional fue generarle suficiente credibilidad a las acciones del gobierno entre los grupos alzados en armas. Es así como el respaldo a la participación de los soviéticos en la Represa de Urrá, el rechazo a la posición del gobierno anterior frente al problema de las Islas Malvinas y la solidaridad con las reivindicaciones del pueblo argentino, la invitación extendida a la Junta de Gobierno de Nicaragua para asistir a la posesión presidencial, la incorporación a los No Alineados, el "regaño" al Presidente Reagan a su paso por Bogotá, fueron todos gestos en la dimensión de la política exterior que, además de cumplir objetivos de política internacional, apuntaban hacia una reconciliación con las organizaciones de izquierda y la guerrilla colombiana. La aproximación inicial de Belisario Betancur a los grupos insurgentes se plasmó en uno de los temas más sensibles para los dirigentes revolucionarios: la política internacional y las relaciones exteriores.

El aspecto que inicialmente cimienta la confianza de los grupos guerrilleros en la política de paz del Presidente Betancur es la actitud internacional de su gobierno, particularmente la redefinición, por lo menos al nivel del discurso, de las relaciones bilaterales con los Estados Unidos, la apertura hacia los países socialistas y el retorno a una línea de acción internacional más armónica con las nuevas corrientes latinoamericanas. La importancia que le atribuyen los grupos guerrilleros a esta dimensión es tan definitiva que probablemente sin la actual política internacional el manejo exitoso de la política de paz hubiera sido bastante más complejo, sino imposible. En resumen, la política internacional es ante todo una de las piezas neurálgicas que sustentan el proceso de pacificación interna en que está empeñado el Presidente Betancur.

Desde la perspectiva internacional también la política exterior del gobierno trajo importantes beneficios para la consolidación de la estrategia de pacificación. En primer lugar, la rehabilitación de las relaciones con Cuba, a pesar de que formalmente se mantienen rotas, el fortalecimiento de los vínculos con Nicaragua y la apertura hacia las naciones socialistas del Este, le permitió al gobierno lograr un importante respaldo para la política de paz, por parte de los ejes internacionales y regionales del bloque socialista. La política exterior del Presidente Betancur, al remozar y afianzar los vínculos con las naciones socialistas, creó un clima favorable para que los "padrinos" y amigos políticos e ideológicos de la guerrilla colombiana se solidarizaran con la política de paz, lo que probablemente condujo a que esos gobiernos movilizaran los recursos de influencia con que cuentan para respaldarla internamente.

En segundo lugar, las políticas concretas que han surgido para Centroamérica, específicamente en torno al Grupo de Contadora, bajo el apoyo y liderazgo de la política ·exterior colombiana, son interpretadas por Nicaragua, Cuba y las fuerzas progresistas internacionales como importantes contrapesos a los esfuerzos desestabizadores de los Estados Unidos en la región. La estabilidad y el fortalecimiento político interno del gobierno del Presidente Betancur es entonces un objetivo funcional a los intereses de dichos países, ya que un fracaso de su proyecto político doméstico puede reflejarse sobre la capacidad de liderazgo internacional del Mandatario y debilitarse así el proceso de paz iniciado por Contadora.

De esta manera, para Cuba y Nicaragua apoyar la estrategia de pacificación interna del Presidente Betancur es una manera de defender los intereses de su política internacional, puesto que la iniciativa colombiana en Centroamérica es hasta hoy la única alternativa viable que se le contrapone a las intenciones norteamericanas en la región. Siendo así, la política internacional le ha ganado a la política de paz varios aliados que son decisivos por su capacidad para aclimatar la credibilidad del gobierno y del proceso de pacificación entre los grupos guerrilleros.

Por último, la estrategia de pacificación colombiana se está perfilando como un modelo viable para la resolución de los conflictos armados internos en El Salvador. Las recientes reuniones del Presidente Napoleón Duarte y de funcionarios de su gobierno con los frentes revolucionarios de ese país, cuyo propósito fue el inicio de un diálogo político entre las partes que conduzca a la paz, abrió un nuevo camino reconocidamente inspirado en las experiencias del proyecto de pacificación implementado por·el gobierno colombiano. Por ello, un fracaso del esquema de pacificación en Colombia podría ser un argumento bastante demoledor en manos de los que solo creen en la vía represiva e intervencionista para resolver los problemas centroamericanos. De allí que la política exterior, refrendada por los esfuerzos políticos internos del Presidente Betancur, haya logrado involucrar importantes intereses externos hasta comprometerlos con el respaldo a la culminación satisfactoria del proceso de paz en el país.

Una Política Exterior para un Nuevo Consenso Nacional

Para algunos de los asistentes al seminario el vínculo entre la estrategia internacional y la política doméstica se da en una dirección diferente. Desde esta perspectiva, los nuevos contenidos de la política exterior están orientados más bien hacia la satisfacción de las necesidades ideológicas del proyecto político interno que intenta implementar el Presidente Betancur.

El nuevo modelo político de Belisario Betancur pretende, primordialmente, la reconstitución del consenso socio-político mediante la integración de todos los sectores nacionales al régimen político e institucional, aún aquellos que en la actualidad se encuentran en abierto conflicto con el estado colombiano.

El diagnóstico que subyace dicho proyecto político parte del reconocimiento de que las formas políticas y los contenidos ideológicos que se heredaron del Frente Nacional se han venido erosionando progresivamente. La incapacidad del régimen político para legitimarse suficientemente y cooptar a las nuevas fuerzas sociales, surgidas con la rápida transformación socioeconómica del país, ha desembocado en la agudización de la oposición violenta y el conflicto político por fuera del marco formal de las instituciones. De esta interpretación parte el gobierno del Presidente Betancur para argumentar la necesidad de reformular el proyecto político nacional con base en un nuevo esquema institucional, producto de la reforma política, respaldándolo con nuevos contenidos ideológicos en el manejo de las distintas facetas de la acción estatal, entre ellas la dimensión de las relaciones internacionales del país.

El Frente Nacional se aferró a un modelo muy propio de política internacional basado en el mantenimiento de unas relaciones bilaterales muy estrechas con los Estados Unidos, combinado con la defensa irrestricta del Sistema Interamericano y de su particular concepto de seguridad nacional y continental. Adicionalmente, Colombia mantuvo en los últimos veinticinco años un alineamiento prácticamente incondicional con las directrices de la política internacional hemisférica provenientes de Washington. En resumen, el modelo político frentenacionalista, que se volvió obsoleto con las rápidas transformaciones sufridas por la sociedad, mantenía un esquema propio de política exterior que también ha dejado de reflejar y corresponder a las realidades sociopolíticas contemporáneas del país y del contexto internacional.

La nueva política exterior es entonces la contrapartida internacional del proyecto político alternativo que a nivel interno está impulsando Belisario Betancur. Es decir, un esquema de apertura democrática necesariamente debe permear y determinar la formulación de la estrategia de relaciones internacionales del país. Por ello, los rasgos esenciales de la actual política exterior, y de la posición internacional colombiana, muestran una importante ruptura frente a los contenidos que la caracterizaron durante los últimos tres decenios.

En síntesis, el proyecto político interno del Presidente Betancur requería, para mantener su coherencia y credibilidad, cambios sustanciales en los contenidos ideológicos y políticos de los distintos frentes de la acción gubernamental. Por ello se abordó esa transformación de los contenidos en uno de los aspectos donde se presentaban las mayores posibilidades de diferenciación con el pasado y el menor nivel de conflicto político: las relaciones internacionales. De otra parte, amplios sectores populares y medios perciben hoy como claramente antagónica a sus intereses una política exterior tan incondicionalmente alineada con los Estados Unidos, tal como fue la que estuvo vigente hasta hace solo dos años. Para integrar dichos segmentos sociales al nuevo consenso político se hizo necesaria, entre otras cosas, una demostración incuestionable de la voluntad política que tiene el gobierno para reformular y actualizar los principales lineamientos de la política exterior.

De esta manera, la política exterior cumple un papel político interno que va mucho más allá de recoger algunas de las banderas internacionales de la guerrilla colombiana. La política internacional del Presidente Betancur es también una propuesta ideológica orientada a movilizar y comprometer a nuevos sectores sociales, que no comparten el esquema de relaciones exteriores heredado del Frente Nacional. La política internacional se convierte así en una pieza importante dentro del proyecto político global —la "integración" política e institucional de la "nación"— a través de su aporte para cooptar ideológicamente a nuevos sectores sociales que tradicionalmente han antagonizado con el estado y las instituciones. Igualmente, el nuevo esquema de relaciones exteriores contribuye a darle legitimidad y credibilidad a las propuestas de transformación política que ha venido impulsando el actual gobierno.

Desactivando la Bomba Centroamericana

Los vínculos entre la política internacional y la situación política interna son susceptible de ser interpretados en otra dirección. La función interna del nuevo modelo de relaciones exteriores desarrollado por la Administración Betancur es la de impedir la propagación hacia el sur del conflicto en el Istmo, amenazando con la potencial "centroamericanización" de los conflictos políticos internos en Colombia.

La iniciativa de Contadora, promovida por países democráticos de América Latina, al buscar una salida pacífica e institucionalizada para el conflicto centroamericano, pretende, ante todo, evitar que se concrete el riesgo evidente de una internacionalización masiva del enfrentamiento en la región. La posibilidad de que los intentos de desestabilización del régimen nicaragüense, mediante el apoyo económico y militar por parte de la C.I.A. a las fuerzas contrarevolucionarias que actúan en territorios de ese país, sumado a una mayor radicalización y amplitud de la guerra civil salvadoreña, culminen en la participación abierta en el área de los centros internacionales de poder, es una amenaza seria para la seguridad y el interés nacional de los países de la Cuenca del Caribe.

La generalización de la guerra en Centroamérica es una eventualidad que obligaría a las naciones vecinas a desarrollar una política exterior centrada, casi que exclusivamente, en la defensa de la integridad territorial y la estabilidad política interna. Para ello no parecería existir otra opción que acogerse a la sombrilla protectora de la capacidad bélica y política de los Estados Unidos. Por su parte, esta opción de política implica que se ha tomado partido abiertamente por uno de los dos sectores en conflicto y, en consecuencia, se generarían reacciones adversas por parte de las naciones y los sectores políticos afectados. La injerencia foránea sobre el proceso político doméstico de las naciones de la región, que se derivaría de una confrontación abierta y generalizada en Centroamérica, es profundamente desestabilizador en términos sociales, políticos e institucionales.

La internacionalización del conflicto centroamericano, por una intervención abierta de los Estados Unidos, probablemente se traduciría en una búsqueda de alianzas tácticas, por parte del gobierno nicaragüense y la guerrilla en El Salvador y Guatemala, con los movimientos revolucionarios en el resto de América Latina. Igualmente, es previsible que el campo socialista entraría a movilizar sus recursos de poder con miras a una desestabilización general en toda la región mediante su capacidad de acción sobre los movimientos revolucionarios latinoamericanos, como alternativa para promover y defender sus intereses en el área.

Para varios de los expertos, el riesgo de una desestabilización política de una país como Colombia, a consecuencia de la internacionalización y difusión del conflicto centroamericano, es bien considerable puesto que la situación y las características geográficas facilitan la actividad guerrillera y en la actualidad se mantiene viva una tradición de medio siglo de lucha insurgente. La pacificación a través de alternativas políticas de diálogo y entendimiento político, entre las naciones y las partes en conflicto, es una salida que está en consonancia con los intereses colombianos de evitar la reproducción del escenario centroamericano dentro de sus propias fronteras. Por ello la política internacional del Presidente Betancur ha colocado el énfasis en el tratamiento del problema centroamericano, incrementando significativamente el nivel de actividad en ese frente de las relaciones exteriores del país.

La desactivación de los latentes conflictos internacionales en el Istmo, al igual que la reducción de las presiones políticas desestabilizadores internas en los países de la región, son los dos principales objetivos expresos de la política exterior del Presidente Betancur, debido a su estrecha ligazón con el propósito doméstico de afianzar la paz y de evitar la "centroamericanización" del enfrentamiento entre la subversión y el estado colombianos.

Conteniendo al Gigante del Norte

Los elementos que conforman toda la estrategia de relaciones internacionales desarrollada por Belisario Betancur también se pueden interpretar en otra dirección, por cierto bastante antagónica con las argumentaciones anteriormente expuestas, donde el destino final del "mensaje" que encierra la política exterior son más bien los Estados Unidos y sus acciones sobre el proceso político nacional.

La política internacional de Belisario Betancur nace del reconocimiento de los fenómenos políticos internos que se heredaron del esquema de relaciones exteriores aplicado en la anterior administración. Durante el gobierno del Presidente Turbay la política exterior buscó asegurarse el respaldo táctico, militar y político de los Estados Unidos para avanzar en el desmonte y control de la insurrección interna. Para ello se buscó la sincronización directa de las acciones de Colombia en el escenario internacional con los intereses globales y regionales del gobierno norteamericano. El efecto que produjo la reimplantación del modelo frentenacionalista de política internacional se dio en dos dimensiones, la interna y la externa.

En la perspectiva interna el gobierno aceptó la interpretación defendida por los Estados Unidos en el sentido de homogenizar el problema de la insurrección armada con la cuestión del narcotráfico internacional. Este criterio le permitió a ese país legitimar su apoyo y su participación en la lucha anti-guerrillera puesto que se operaba bajo el supuesto de que se estaba simultáneamente avanzando en la lucha contra el tráfico de drogas y controlando un problema prioritario de orden público. Igualmente, el gobierno del Presidente Turbay Ayala aceptó sin cuestionamiento la versión norteamericana de que la insurrección armada en Colombia era producto de los intentos de desestabilización política a su gobierno, por parte de los regímenes totalitarios de Cuba y Nicaragua. La respuesta de los grupos alzados en armas fue, correspondientemente, ampliar y profundizar sus relaciones políticas, financieras y militares con los países y partidos políticos internacionales enemigos de los Estados Unidos, buscando contrabalancear la mayor injerencia de los norteamericanos en el conflicto político interno. De esta manera, la enfática alineación de la política exterior del gobierno colombiano con los Estados Unidos, y sus consecuencias domésticas, propició una mayor internacionalización del enfrentamiento armado y le imprimió un cierto carácter de expresión o manifestación del conflicto Este-Oeste.

En el ámbito externo, la política internacional, al ser muy activa en el sentido de defender la línea de acción estadounidense, generó paralelamente una reacción antagónica hacia Colombia por parte de las naciones con que ese país mantiene disputas y conflictos estratégicos y geopolíticos. La participación activa de los Estados Unidos en la política interna colombiana, acompañada del apoyo incondicional en el escenario internacional por parte del gobierno del Presidente Turbay, motivo una respuesta equivalente por parte de los otros centros de poder regional, que al sentirse lesionados actuaron también sobre la dinámica del conflicto armado en el país. La intromisión abierta de Cuba en los asuntos internos de Colombia, a través de la preparación y equipamiento de contingentes guerrilleros, fue el resultado de la internacionalización del problema de la lucha armada. En resumen, los conflictos internacionales, derivados de una línea de agresivo respaldo a los Estados Unidos por parte de la política exterior colombiana, empezaron a manifestarse en el enfrentamiento con la guerrilla ya que se trasladó, del escenario internacional al campo de la política doméstica, el espacio de confrontación entre poderes e intereses globales.

De esta manera, la situación política interna a la que se tenía que enfrentar el entrante gobierno de Belisario Betancur era la de un conflicto armado cada vez más radicalizado, a consecuencia de su creciente internacionalización derivada primordialmente de los resultados provenientes de la política exterior del Presidente Turbay. Ante esta situación, y de seguirse alimentando el componente internacional del conflicto, se corría el riesgo de una mayor polarización y beligerancia de la lucha armada, por lo que era necesario una nueva política exterior capaz de neutralizar los intereses foráneos que estaban actuando sobre el proceso político colombiano. A este diagnóstico global responde, según algunos de los expertos, en gran medida, la concepción general de la política exterior del Presidente Betancur.

La anterior interpretación sobre las articulaciones existentes entre el proceso político interno y la política internacional de la Administración Betancur también incluyó una visión novedosa en cuanto al impacto del esquema de relaciones exteriores sobre las relaciones bilaterales de Colombia con los Estados Unidos. Para algunos de los participantes el principal riesgo para una política de paz exitosa es la intromisión e injerencia de la política exterior norteamericana sobre la dinámica política nacional, por lo que la estrategia de relaciones exteriores diversificada de Belisario Betancur apunta a neutralizar, o "contener", mediante la consolidación de una nueva "alianza" tácita con otros centros de poder regionales e internacionales, cualquier esfuerzo desestabilizador promovido desde Washington.

Efectivamente, el modelo de pacificación adoptado por la actual administración para manejar la insurrección en Colombia, basado en el reconocimiento del derecho de participación política a los alzados en armas, de la viabilidad de una salida política y negociada al conflicto, la existencia de factores objetivos que promueven la insurrección, a la estricta soberanía de las instituciones nacionales en el manejo del problema, y la defensa de los derechos humanos, no es compatible con la interpretación que defiende y fundamenta la posición norteamericana frente a los conflictos armados internos en Centro y Sur América.

La política exterior colombiana pretende, entonces, lograr un respaldo internacional y regional a este modelo que surge como alternativa al que vienen impulsando los funcionarios norteamericanos en Centroamérica y el Caribe. En realidad, la estrategia de paz en Colombia, y el esquema de negociaciones impulsado por el Grupo de Contadora, son un proyecto político completamente antagónico al de los Estados Unidos. Por ello la política exterior del Presidente Betancur ha recurrido a la consolidación de un "bloque de solidaridad" internacional que sea capaz de neutralizar los intentos de la Administración Reagan de empujar al fracaso la opción "blanda", demostrando así que su interpretación de los conflictos en el área es la correcta y que la salida intervencionista se constituye en la única respuesta definitiva.

La política exterior y la estrategia de paz interna del gobierno colombiano establecen así una relación de doble vía. De una parte, la política internacional autónoma e independiente contribuye a aglutinar el respaldo de algunos países claves para el éxito del esfuerzo de pacificación, al tiempo que le da credibilidad al proyecto entre los grupos alzados en armas. De otra, el modelo para la búsqueda de la paz interna, desarrollado por el gobierno de Belisario Betancur, se ha venido consolidando como una vía apropiada para afrontar los problemas políticos de varios de los países centroamericanos, a modo de alternativa al proyecto militarista y represivo promovido por los Estados Unidos, reforzando y complementando de esta forma el esfuerzo de Contadora.

Paz Política y Autonomía Nacional

Dentro de la discusión de este aspecto general surgió una perspectiva distinta para interpretar las relaciones entre la política internacional y la dinámica de la política doméstica. Desde este punto de vista, la paz política en el ámbito interno se interpreta como una condición ineludible para poder desarrollar y avanzar en la cimentación de la autonomía y la independencia nacional. Es decir, dentro de los objetivos de la estrategia de pacificación se destaca el de respaldar el proyecto de redefinición de las relaciones internacionales del país, con miras a estructurar un nuevo esquema de vínculos externos que permitan un mayor margen de acción para Colombia en el contexto regional e internacional.

Lograr la paz política interna es un requisito ineludible para poder ensamblar una nueva estrategia internacional, que esté más acorde con la defensa y la promoción de la autonomía y la independencia nacional. La permanencia de conflictos armados entre los grupos insurgentes y el estado colombiano debilita la legitimidad de las acciones gubernamentales en el ámbito regional y en el escenario internacional. Adicionalmente, la presencia de fuerzas políticas antagónicas que tienen la capacidad de alterar recurrentemente el orden público adquiere el carácter de una cuestión de seguridad nacional para otros países del Hemisferio y particularmente para los Estados Unidos. De esta manera, la imposibilidad del estado para derrotar militarmente o cooptar institucionalmente las fuerzas antagónicas al régimen político se convierte en un factor de inestabilidad regional que promueve la internacionalización de los conflictos políticos internos. La injerencia en la política colombiana de los Estados Unidos y otros ejes de poder en el área, como Cuba, lesiona de esta manera el proyecto de consolidación de la autonomía e independencia nacional.

Es así como la política de paz, además de satisfacer definitivos objetivos de política interna, actúa como un complemento de la estrategia internacional. Las posibilidades de promover un diálogo entre naciones y sectores en conflicto en el contexto regional están ligadas a la capacidad del gobierno para demostrar su habilidad en la definición de estrategias autónomas para lidiar con los problemas políticos internos.

Desde otro ángulo, la persistencia y ampliación de problemas serios de orden público no es compatible con la actual política exterior. En primer lugar, el ejército colombiano, con una larga tradición de cooperación con las fuerzas armadas norteamericanas, asumiría necesariamente un papel protagónico en las relaciones de poder. Igualmente, el ala conservadora de los sectores dirigentes buscaría insistentemente un mayor compromiso con los Estados Unidos como vía para poder fortalecer la lucha anti-guerrillera, en caso de no haberse planteado una potencial salida institucionalizada al conflicto armado. En síntesis, dentro de un escenario donde no existiera una estrategia de paz como la actual, se haría imposible el manejo de una línea de política internacional como la que viene impulsando el Presidente Belisario Betancur.

El argumento de que la política exterior se instrumentó como una herramienta diseñada para integrar a los grupos guerrilleros y sus "parientes" de izquierda a los cauces institucionales; o para comprometer el respaldo de las potencias socialistas a la política de paz, no recoge la realidad y amplitud de los contenidos de la nueva estrategia de relaciones internacionales. El proyecto político que subyace la estrategia de relaciones exteriores del Presidente Betancur tiene un sentido bastante más amplio relacionado con el propósito de aclimatar las condiciones necesarias para la consolidación del país como "nación", y con las exigencias de autonomía e independencia que son requisito para esa reafirmación nacional.

Es cierto que el contenido nacionalista de la política exterior tiene un impacto sobre el proceso de paz pero es esencialmente en la dimensión ideológica de la comunidad y de las fuerzas antagónicas al sistema. La política internacional tiene el valor ideológico de exaltar el sentido nacional del estado colombiano y su independencia frente a fuerzas externas que para muchos sectores de la sociedad poseen un marcado carácter "imperialista", por lo que éste ingrediente contribuye al proceso de restitución de la legitimidad del régimen político, lo que a su vez es vital para la política de paz.

Perspectivas de la Política Internacional Frente a un Fracaso de la Estrategia de Paz

En la discusión sobre el tema de las articulaciones entre la política exterior de la Administración Betancur y la situación política interna se destacaron, en distinta magnitud y dirección, los vínculos existentes entre la estrategia de paz y el nuevo esquema de relaciones internacionales del actual gobierno. Es decir, los expertos participantes coincidieron en señalar el hecho de que la política de paz está íntimamente entrelazada con la política internacional y que para comprender el proyecto político global del Presidente Belisario Betancur es necesario integrar ambas dimensiones del problema.

De allí surgieron una serie de interrogantes en torno a la viabilidad hacia el futuro del nuevo esquema de política internacional, en caso de que el modelo implementado para alcanzar internamente la paz política no culmine satisfactoriamente. En opinión de algunos de los participantes la estrategia de relaciones internacionales no tiene retorno posible, por lo menos en lo que resta de la Administración Betancur, independientemente de lo que acontezca en el frente de la estrategia de pacificación. El compromiso con los lineamientos de la política exterior ha sido tan definitivo para el gobierno desde su inicio que es poco previsible un giro sensible o notorio en este frente.

La razón fundamental que explica la intensidad del compromiso del Presidente Betancur para con la política exterior es que ésta ha tomado una dinámica propia y su alcance supera los parámetros de la estrategia de paz. A pesar de que indudablemente hay ventajas para el proceso de paz que se derivan del esquema actual de relaciones internacionales, la política internacional cumple otra amplia serie de objetivos que están ligados al proyecto político global, al interés nacional y al futuro del juego político doméstico. En síntesis, una potencial crisis en el proceso de pacificación no implica necesariamente una ruptura en el patrón que ha mostrado en los últimos dos años y medio la política internacional.

La iniciativa de paz interna no se puede realizar sin el concurso de una política exterior como la que promueve la actual administración. Pero, en cambio, para adelantar la estrategia de relaciones exteriores de Belisario Betancur no se requiere una correspondencia o equivalencia en el manejo de los problemas políticos nacionales. La ambigua situación de inestabilidad política interna, con limitaciones a los derechos civiles y acompañada de serios problemas de orden público, y una política internacional tercermundista, no alineada o anti-imperialista, es común en el contexto de las relaciones internacionales.

Pero desde otro punto de vista, un fracaso en la iniciativa de paz en el ámbito doméstico conllevaría, como contrapartida, una redefinición de las relaciones de poder en el contexto político interno que acarrea necesariamente repercusiones sobre el proceso de decisión de la política exterior. La ruptura de la tregua, de las conversaciones y del diálogo entre el estado colombiano y los grupos guerrilleros hace inescapable un nuevo realinderamiento de las relaciones exteriores del país.

En primer lugar, el escenario que acompañaría la ruptura del proceso de paz es de mayor deterioro del orden público y de remozamiento de las amenazas internas para la seguridad nacional. Dentro de ese contexto las presiones de los sectores dirigentes y de las fuerzas armadas para que el gobierno redefina y estreche las relaciones bilaterales con los Estados Unidos serían considerables. En segundo lugar, las posibilidades de liderar una vía para encontrar respuestas a la crisis centroamericana, distinta a la que promueve el gobierno estadounidense, se reducirían paralelamente con la degradación de la salida democrática para resolver los problemas internos. En resumen, la política internacional no es independiente de las posibilidades y perspectivas de la estrategia de pacificación, aunque la relación entre estas dos dimensiones del proyecto político global es de doble vía.

Conclusión: Una Nueva Articulación entre el Proceso Político Interno y el Diseño de la Política Exterior

La conclusión más clara que dejó el debate sobre las articulaciones entre la política internacional del Presidente Betancur y el proceso político interno es que durante estos dos años se han gestado nuevas y definitivas ligazones entre una y otra dimensión de la política nacional. En el pasado la política exterior fue, casi que sin excepción, una proyección externa de los intereses económicos del país y de ciertos círculos sociales muy concretos. Las articulaciones entre la política internacional y el contexto nacional se daban esencialmente en lo económico, mientras que la situación política doméstica incidía poco sobre el diseño del esquema de las relaciones exteriores. De la misma forma, el tema de la política internacional no mostró hasta hoy un impacto apreciable sobre el debate político, la lucha partidista, y la evolución del proceso político. A partir de la política exterior de la Administración Betancur esta realidad se viene transformando de manera cada vez más evidente.

La política internacional del Presidente Betancur ha traído, como consecuencia interna, la politización del tema de las relaciones exteriores del país. Al romperse definitivamente el consenso bipartidista en torno a la concepción de la política internacional y al articularse el diseño de la política exterior con la estrategia de pacificación, este problema entró a formar parte del conjunto de las variables que inciden y determinan la dinámica del juego político colombiano. Es muy probable que a partir de las próximas elecciones el campo de las relaciones internacionales del país se vuelva tema obligado del debate político.

De allí que se puedan encontrar una serie de claros objetivos políticos domésticos asignados a la política exterior. En primer lugar está la dimensión ideológica, ya que la estrategia internacional sirve como factor de movilización y cooptación para sectores enfrentados o en pugna con el sistema político, o de nuevos sectores sociales que no comparten el esquema de política exterior que tradicionalmente ha estado vigente. En segundo lugar, la política internacional genera un conjunto de actitudes en el contexto regional e internacional que promueven y respaldan el proceso de pacificación interna al tiempo que ensancha la integración del país con las naciones del área. Por último, la estrategia internacional del Presidente Betancur, con su marcado énfasis sobre la autonomía e independencia nacionales, ayuda a impedir la injerencia de fuerzas externas sobre la dinámica de la lucha política interna, ya sea ésta institucionalizada o al margen de los cauces formales del Estado.

V
La política exterior frente al interés nacional

El debate sobre el "interés nacional" y la política exterior durante el gobierno del Presidente Belisario Betancur debe partir necesariamente de la definición del contenido real que encierra dicho concepto. El alcance y sentido del interés nacional no puede ser determinado de manera ideal y sobre unos principios abstractos ya que es un criterio concreto de naturaleza política e histórica. Por ello conviene, en primera instancia, explorar la manera como se encuentra definido, implícita y explícitamente, el "interés nacional" dentro del esquema de relaciones internacionales que viene aplicando el actual gobierno. Igualmente, se debe integrar a la discusión el tema de la articulación del interés sectorial de los distintos grupos, gremios y fracciones, que conforman la sociedad, con las realidades que ha venido creando la nueva política internacional.

En el seminario la discusión sobre el tema "La Política Exterior Frente al Interés Nacional" partió del problema de la definición del concepto de "interés nacional" y derivó hacia la evaluación de la capacidad de la política internacional del Presidente Betancur para defenderlo.

La Definición del "Interés Nacional"

Una primera aproximación al problema es intentar ubicar el contenido del "interés nacional", que está implícito en el modelo político global de Belisario Betancur, para de allí proceder a evaluarlo. El "Movimiento Nacional", que llevó a la presidencia al actual Mandatario, representa una concepción política novedosa dentro de la tradición bipartidista de la política colombiana. El proyecto político vigente busca ante todo la revitalización del consenso social mediante la incorporación de los sectores tradicionalmente marginados de los procesos sociales, la universalización de la identidad nacional y un reencuentro de la acción del Estado con los rasgos y responsabilidades de la nacionalidad. De allí que la soberanía, la independencia y la autonomía sean los valores políticos cardinales que definen el concepto de interés nacional que promueve la política exterior del actual gobierno, ya que son la proyección en el ámbito externo de la nacionalidad. Aunque no existe una definición muy elaborada del interés nacional lo que sí se puede apreciar es que dicho concepto, en el caso de la política exterior del Presidente Betancur, incorpora la autonomía nacional en todos los órdenes como uno de sus valores fundamentales.

Esta interpretación del concepto de interés nacional, como prioridad que rige la política internacional, en la práctica se expresa como una actitud externa más progresista en el campo político, aunque a nivel de las relaciones internacionales en lo económico se mantenga el statu quo. Esta expresión concreta del nuevo concepto de interés nacional es positiva para el país en la medida que hace posible y colabora con la tramitación pacífica, menos violenta e independiente de los conflictos sociopolíticos domésticos. Es por ello que la forma de evaluar la política internacional del Presidente Betancur, frente al interés nacional, es ver sus implicaciones objetivas sobre la estructura social, en el sentido de apreciar su contenido para estimar si se constituye en una fuerza que contribuye al cambio social, la justicia económica, la igualdad y la democracia.

De no tener en cuenta su impacto sobre esas dimensiones concretas internas, en lo social, en lo económico y lo político, la discusión quedaría sujeta a divagar sobre contenidos abstractos alejados de la realidad. Es así como se puede afirmar que la política exterior de Belisario Betancur, apelando a estos criterios evaluativos, es un aporte efectivo al fortalecimiento de los valores y las realidades democráticas, por lo tanto está en consonancia con el verdadero interés nacional.

Desde otro ángulo se argumenta que la nueva política exterior pretende, ante todo, incorporar las prioridades de sectores sociales tradicionalmente marginados de la definición del interés nacional. Es decir, lo "nacional" de la política internacional se expresa en que ya dejó de ser el patrimonio exclusivo de la ideología, los valores y los intereses de segmentos sociales dirigentes. Al recoger la aspiración de nuevos sectores que no se veían representados por una política exterior atada a un concepto de interés nacional, definido de tal forma que implicaba la subordinación del país en las relaciones con los ejes de poder del bloque occidental, se tiene un esquema de relaciones exteriores verdaderamente nacional. La política internacional integra hoy nuevas formas de ver la relación de Colombia con el contexto hemisférico, con los países poderosos y el Tercer Mundo, que supera, y en gran parte antagoniza, con la visión de los sectores tradicionalmente hegemónicos de la sociedad.

Pero el problema no solo es de valores, también es de pesos y centavos. Para ciertos sectores dirigentes de la sociedad la nueva política exterior representa una amenaza a la estabilidad de su relación económica con los Estados Unidos. Las decisiones de la política exterior, tales como el ingreso al Grupo de Países No Alineados, la confrontación con la política norteamericana para Centroamérica que lleva implícita la acción de Contadora, el cuestionamiento al Sistema Interamericano, son interpretadas por estos sectores sociales como peligros reales para sus vínculos comerciales, financieros y económicos con el Gigante del Norte.

Este problema de la política exterior hay que verlo en términos históricos. El punto es identificar el tipo de concepto de interés nacional que encierra la política exterior y cómo se contrasta con el prevaleciente en el pasado. Se trata de apreciar cuál "proyecto nacional", el de que sectores, es el que prima en la definición de la política internacional. Los sectores que claman en contra de la actual política exterior lo hacen por que ven amenazado el "interés nacional" que subyace su propio proyecto político. En términos concretos esos sectores serían la burguesía exportadora, el gremio de los cafeteros, los importadores, el sector financiero ligado a la banca internacional, y en general esos segmentos económicamente dominantes que estiman costoso en pesos y centavos, el impacto de la nueva política exterior de la Administración Betancur.

A partir de aquí se plantea entonces la necesidad de pasar en la discusión de un concepto globalizante de interés nacional a uno más pragmático, ligado al contexto de las articulaciones entre los intereses de grupos y clases sociales con la problemática de las relaciones internacionales del país. En términos concretos hay que preguntarse a quién y a quienes favorece o afecta la nueva política exterior de la Administración Betancur, para de esta manera acercarse al contenido real del "interés nacional" que conlleva dicho esquema de política. La pregunta es si en realidad la política exterior ha perjudicado intereses nacionales o sectoriales en lo económico.

Para algunos de los analistas presentes, y ausentes también, la política internacional de Belisario Betancur se ha traducido en una actitud más hostil del contexto internacional hacia las necesidades financieras y comerciales de Colombia. Desde esta perspectiva, el redefinir las relaciones bilaterales con los Estados Unidos, por lo menos a nivel de la retórica, se ha convertido en un elemento que perturba las relaciones con los banqueros internacionales, e incrementa la percepción del riesgo político que acarrea prestarle al estado colombiano. Adicionalmente, la participación activa del país en la búsqueda de alternativas para la resolución de la problemática financiera latinoamericana, que es un paso consecuente dentro de la estrategia global de la política internacional, por fuera de los clásicos convenios bilaterales con el Fondo Monetario Internacional, puede estar incrementando las dificultades que ha encontrado Colombia para mejorar su acceso a los recursos de endeudamiento externo, que necesita con desesperación.

A nivel interno, igualmente, se plantea que la última ronda de negociaciones del Convenio Internacional del Café dejó un sabor amargo ya que se percibió una actitud poco solidaria de los Estados Unidos y otras potencias consumidoras para con las tesis y los intereses colombianos; y que además resquebrajó, de cierta manera, la tradición de entendimiento en esa materia. En fin, los ejemplos del impacto negativo de la política internacional sobre la dimensión económica son abundantes y significativos. Naturalmente, los sectores dirigentes que tienen una percepción directa y pragmática de los cambios que se suceden en esa dimensión son los primeros en oponerse a la línea de política internacional adoptada por Belisario Betancur.

Esta afirmación generó mucha controversia puesto que es difícil, sino imposible, distinguir si efectivamente los fenómenos mencionados tienen que ver directamente con la política internacional o por el contrario están más relacionados con las características imperantes en los mercados financieros internacionales y la economía mundial. Si se hace una revisión de la situación financiera por la que atraviesan otros países latinoamericanos se encuentra que independientemente de su posición frente a los Estados Unidos, o su participación en el Grupo de Contadora, están sometidos a las mismas restricciones económicas que tiene hoy que afrontar la economía colombiana. Por ello hay que buscarle el sentido real a la crítica de los grupos dirigentes a la política internacional, que tiene que ver más con las realidades ideológicas y políticas internas que con las supuestas sanciones económicas derivadas del mayor nivel de actividad del país en el contexto internacional.

El enfrentamiento entre ciertos dirigentes y el gobierno, en torno a la política internacional, está relacionado más bien con el hecho de que el Presidente Betancur definió el contenido del interés nacional, y de las medidas concretas para defenderlo, de una manera radicalmente distinta a la que tradicionalmente había primado en la concepción de la política exterior. El concepto de "interés nacional", implícito en el esquema de relaciones exteriores aplicado en el pasado, estaba dado por el reconocimiento y defensa de dos principios básicos: en primer lugar, que la seguridad nacional está ligada a la seguridad global hemisférica frente a la agresión extracontinental; y, en segundo lugar, que el garante de dicha seguridad debe ser los Estados Unidos. Estos valores son los que definían hasta hoy el contenido del "interés nacional", claro que esta definición no es el resultado de una acción autónoma del estado colombiano, sino el resultado de las relaciones de poder internas que le posibilitan a los sectores económicos dominantes imponer su concepción sobre toda la sociedad. Cuando llega Belisario Betancur a la Presidencia de la República se produce una revaluación de estos pilares fundamentales, y es esto lo que concretamente genera el conflicto entre la élite y el gobierno sobre estas materias.

La Administración Betancur cuestiona por primera vez el concepto tradicionalmente imperante de interés nacional y lo reformula desde otra perspectiva. Ya no es un interés nacional definido en concordancia con Norteamérica o por consejo de los Estados Unidos, sino que se defiende el derecho a que desde esta orilla del Caribe surja una visión alternativa, y ese es el verdadero aporte de la política exterior del Presidente Betancur. El viraje se produce cuando ya el fundamento de la política exterior, el interés nacional, no es producto exclusivo de unas élites internacionalizadas que están pensando más en Nueva York, Londres o París, que en las realidades del campesinado, las preocupaciones de la clase media o las aspiraciones internacionales del trabajo organizado.

La redefinición del contenido del "interés nacional" en la política internacional tiene un sentido profundo frente al proceso de pacificación interna. En la medida que siguieran prevaleciendo los pilares tradicionales de la política exterior, el problema de la seguridad nacional, que es el primer renglón del interés nacional como se le definía anteriormente, estaría referido a un enemigo común externo e interno: el comunismo. No importa que la amenaza roja esté en Moscú, Pekín, La Habana o el Magdalena Medio, el enemigo es el mismo y hay que combatirlo por igual. Al alterarse el contenido del "interés nacional", y por lo tanto desechándose el concepto "occidental" de seguridad nacional, ubicando al enemigo ya no en la generalidad del comunismo, es posible plantear alternativas para la integración de los insurgentes criollos al sistema político institucional puesto que no son parte de una amenaza inaceptable. Esta visión del interés nacional, en lo externo, encaja adecuadamente con la visión interna que interpreta el problema subversivo ya no como una manifestación de una agresión del comunismo internacional, sino como el resultado de unos determinantes estructurales nacidos de las particularidades domésticas del sistema político y del sistema social.

La redefinición de la doctrina "ocidental" de la seguridad nacional es el primer paso para un nuevo concepto de interés nacional y es el que pauta todo el modelo de desarrollo político del Presidente Betancur, incluyendo la política internacional. La revaluación del "interés nacional" se da, de esta manera, en la dimensión de lo eminentemente político, y su propósito se encuentra definitivamente ligado a lo que Belisario interpreta como las necesidades de adaptación estructural del régimen político.

VI
La viabilidad de la política internacional

Dentro de la discusión de los problemas derivados de la aplicación del actual esquema de política internacional surgen importantes interrogantes en torno a la viabilidad hacia el futuro de dicha estrategia, particularmente cuando el ambiente político y la situación económica parecen volverse cada vez menos propicios para respaldar las innovaciones de la Administración Betancur en el campo de las relaciones internacionales.

La política exterior deberá enfrentar en el campo político los cuestionamientos y conflictos que acompañan la etapa de consolidación del proceso de paz, al igual que la natural beligerancia política que desata el inicio del proceso electoral. Igualmente, no es menos preocupante lo que viene ocurriendo en el frente económico. El deterioro de la situación económica externa, la existencia de un convenio tácito con el Fondo Monetario Internacional para aplicarle a la economía su tradicional receta recesiva, los altos niveles de desempleo, etc., se traducen en retos significativos que amenazan el desarrollo de la actual política exterior. A continuación se presentan algunos criterios en torno a dichos interrogantes, planteados por los participantes en el seminario.

El Fundamento Político: ¿Se Desmorona El Consenso?

Para varios de los analistas la estrategia de relaciones internacionales de la Administración Betancur se enfrenta, hacia el futuro, con varios y definitivos obstáculos de naturaleza política. El primero de ellos es la ruptura del consenso político que ha existido en torno al diseño e implementación de la actual política exterior.

En general la política internacional del Presidente Betancur logró movilizar el respaldo de la mayoría de las fuerzas y partidos que conforman el espectro político colombiano, aunque siempre han existido críticas marginales a la gestión del gobierno en ese frente. Este apoyo fue un fundamento importante de la autonomía de que gozó el Presidente Betancur para diseñar la política internacional, puesto que hoy como en el pasado gran parte del presidencialismo que se observa en el manejo de las relaciones exteriores colombianas se origina en el hecho de que ha contado con el apoyo del consenso bipartidista. Por ello no era de extrañarse que el Presidente Betancur buscara, desde el comienzo de su gestión, el respaldo de los expresidentes para con las directrices de su política internacional. Pero las características propias del modelo de relaciones internacionales que se viene aplicando, y las condiciones particulares que atraviesa el proceso político colombiano, hacen pensar que el apoyo político se está erosionando.

Existen varios síntomas que anuncian una potencial reducción del margen de maniobra de la política internacional. En primer lugar, se ha presentado un fenómeno de politización partidista de la oposición al manejo de las relaciones internacionales. La crítica que en un principio despertó la política exterior provino esencialmente de los gremios, de sectores económicos que veían de alguna manera afectados sus intereses económicos y de algunos analistas aislados. Pero en la actualidad un sector amplio del partido liberal, y aún algunos precandidatos, han asumido una posición política abiertamente contraria a la política exterior de la Administración Betancur.

En segundo lugar, el enfrentamiento en el seno de las comisiones parlamentarias alrededor de algunas de las iniciativas del Gobierno en el campo internacional, como en el caso de un tratado sobre cooperación cultural con Nicaragua, revelan la pugnacidad política que ha rodeado últimamente el debate de la política exterior, área en la cual tradicionalmente el Congreso de La República se ha abstenido de mostrar una participación muy activa.

En general la política internacional de Belisario Betancur ha desatado un proceso muy poco común en el pasado: la politización interna de las acciones gubernamentales en el campo de las relaciones internacionales del país. En épocas pre-electorales, como la que se comenzó a vivir desde mediados de 1984, el ambiente de la confrontación política se caldea y esta área en particular, la de las relaciones internacionales, se ha convertido en un terreno fértil para los enfrentamientos entre corrientes y vertientes, al igual que en un tema apropiado, aunque novedoso, para desarrollar la oposición al gobierno.

En síntesis, se aprecia que gradualmente, a partir de la segunda mitad de su mandato y a medida que declina el período presidencial, el apoyo bipartidista a la política internacional del Presidente Betancur se ha venido erosionando. De esta forma se proyecta hacia el futuro la inquietud sobre las posibilidades de llevar a feliz término las iniciativas centrales que definen la actual política exterior, particularmente el esfuerzo de Contadora y la lucha por un nuevo esquema institucional y político internacional, para el continente americano. El fundamento político interno que soportó solidamente por más de un año la viabilidad de la política internacional parecería, entonces, estar volviéndose cada día menos firme.

La Reelección de Reagan y El Futuro de
La Política Internacional Colombiana

Otro elemento de naturaleza política que aparece como un factor claramente perturbador de la política internacional colombiana es la reelección del Presidente Reagan y su renovado compromiso con una línea de acción militarista, y anti-nicaraguense, en la política exterior norteamericana para Centroamérica. A pesar de los recurrentes elogios y el respaldo retórico que ha recibido el Grupo de Contadora, por parte del gobierno de los Estados Unidos, ya se ve un conflicto evidente entre la política centroamericana de la Administración Betancur y los objetivos norteamericanos en el área. Este potencial de enfrentamiento se agrava ante la inexistencia del argumento electoral; que en el pasado sirvió para moderar los alcances de la posición del Presidente Reagan ante la posibilidad de incurrir en fuertes costos políticos domésticos que afectan su reelección. El Presidente Reagan probablemente asumió una posición más blanda en el pasado a causa de aspiraciones reeleccionistas pero hoy se encuentra más dispuesto a movilizar, con mayor coherencia y énfasis, todos sus recursos de poder y de influencia para impulsar su visión y su solución en el caso del conflicto centroamericano.

El primer reto que tiene entonces que enfrentar la política internacional del Presidente Betancur es la nueva faceta en la estrategia norteamericana para el Hemisferio, y particularmente para Centroamérica y la Cuenca del Caribe. La radicalización de la posición estadounidense se expresa de múltiples formas que ya han empezado a entorpecer el proceso de Contadora. Es así como el Gobierno del Presidente Reagan ha movilizado sus recursos de influencia en el área centroamericana para disgregar y enfrentar a los países de la región. Las objeciones que ha realizado Estados Unidos a las primeras versiones del "Acta para la Cooperación y la Paz en Centroamérica", que han sido recogidas por varios de sus aliados y a la vez participantes en el proceso de Contadora, han logrado congelar el proceso de pacificación. A estos intentos por desactivar la estrategia colombiana en Centroamérica habría que sumarle el esfuerzo que viene adelantando el Presidente Reagan para incrementar el nivel de ayuda militar, táctica y política a los movimientos contrarevolucionarios en Nicaragua. Es decir, los primeros indicios sugieren que efectivamente Estados Unidos pretende profundizar y radicalizar su injerencia en centroamérica en favor de una salida consecuente con el objetivo global de la política exterior norteamericano: contener "expansionismo" socialista y soviético.

La magnitud del reto que significa la reelección de Ronald Reagan afecta profundamente las posibilidades reales de concretar las principales iniciativas que hasta ahora ha venido impulsando la política internacional del Presidente Betancur. En síntesis, la viabilidad hacia el futuro de la política exterior de la actual administración está amenazada por el nuevo impulso que ha tomado la estrategia hemisférica norteamericana, que es evidentemente antagónica con los métodos, objetivos y prioridades de la línea defendida por Colombia durante los últimos dos años. En ese sentido parecen ser válidas aquellas interpretación que sostuvieron que de no llegarse a un acuerdo de paz en Centroamérica, previo a la relección del Presidente Reagan, las posibilidades de culminar con éxito las gestiones del Grupo de Contadora se verían drásticamente reducidas. No haber logrado firmar el Acta antes de las elecciones de noviembre, en los Estados Unidos, reduce el margen de maniobra para los esfuerzos de pacificación que se desarrollen autónomamente de la injerencia norteamericana. La política exterior colombiana no puede olvidar que el abrumador respaldo electoral obtenido por Reagan, en el otoño de 1984, es también un recurso de poder interno y externo que fortalece la línea de acción norteamericana en Centroamérica.

El Fundamento Económico:
Sector Externo Vs. Política Internacional

Pero los obstáculos que puede encontrar hacia el futuro la política internacional no son solo de naturaleza política, ya que el horizonte económico está ensombrecido por amenazas de tormenta provenientes principalmente del frente externo de la economía. Ante la perspectiva de aún mayores dificultades cambiarias, con sus consecuentes impactos negativos sobre la producción, el empleo y la inflación, los participantes en el seminario plantearon serias inquietudes sobre la viabilidad del actual esquema de relaciones exteriores dentro de un clima de potencial crisis económica.

La preocupación económica del momento la constituye indudablemente el deterioro del sector externo, que se vé reflejado en el acelerado y continuo descenso de las reservas internacionales del país. La importancia que ha tomado el debate en torno a la perjudicial evolución del frente externo de la economía, radica en el rol central que desempeña esta dimensión en la estabilidad y el apropiado funcionamiento del conjunto de la economía.

Del mismo modo, el país recuerda todavía con estremecimiento los afanes que han acompañado la estrechez cambiaria en el pasado. Por lo general los esfuerzos por comprender el fenómeno e interpretar sus consecuencias se han circunscrito a la dimensión económica, dejándose de lado el análisis de las articulaciones entre la dinámica del sector externo y la esfera de lo político.

La evolución del frente externo es indudablemente un dilema económico pero también lo es político, tal como ha sido demostrado por los cambios observados en el proceso político de las naciones latinoamericanas que han entrado en agudas crisis externas. Para un gobierno como el de Belisario Betancur, en el cual los objetivos de naturaleza política han adquirido una prioridad altamente condicionante de los esfuerzos de la administración, esta relación se vuelve vital, y con mucho más énfasis en el caso de la política exterior. La dinámica del sector externo tiene profundas implicaciones sobre la estructura, las posibilidades y las alternativas de la política exterior, al tiempo que afecta directamente la viabilidad de dicha política.

El factor que ha transformado las relaciones políticas y económicas a nivel hemisférico es la problemática financiera externa que aqueja a la mayoría de los países de la región. La doble presión proveniente de la coyuntura económica interna y externa, que viene afectando a los principales países "polo" de Latinoamérica, ha significado cambios sustanciales en sus estrategias de relaciones internacionales. Países como Mèxico, Venezuela y Brasil han disminuido considerablemente su perfil de injerencia regional, promoviendo una actitud internacional más global y multilateral, que no entorpezca sus esquemas de financiación internacional y que conlleve menos implicaciones económicas, antes que salir a la arena internacional con voces individuales.

De esta manera se ha venido liberando un espacio de liderazgo que viene siendo copado por los esfuerzos multilaterales como Contadora y el Consenso de Cartagena, bajo el liderazgo colombiano. El resto de América Latina ha encontrado en Colombia un vehículo apropiado, y de bajo costo económico, para transferir sus aspiraciones internacionales, respaldando tácitamente la actitud explícita de Betancur en materia de política internacional.

De aquí se desprende que en la medida que los países tradicionalmente "eje" de las relaciones internacionales hemisféricas estabilicen su situación económica y financiera, tenderán a abordar el espacio de liderazgo que estratégicamente han venido endosando a Colombia, como ya se empieza a notar en el caso mejicano, argentino y hasta venezolano. Es por ello que las posibilidades de un liderazgo efectivo de Colombia en el contexto regional estará íntimamente ligado a la evolución de la problemática financiera de los países más grandes del área.

La administración Betancur también se encuentra atrapada en la inevitable relación entre poder político y fortaleza económica que ha venido alterando la política exterior de los demás países del área. La posibilidad de mantener los actuales lineamientos de la política exterior está directamente condicionada por el grado de diversificación externa y autonomía en la dimensión económica, es decir, por la fortaleza del sector externo.

La oportunidad que ha tenido el actual gobierno para consolidar su política exterior, ejerciendo hasta cierto punto un liderazgo regional y liderando las iniciativas de convergencia multilateral, ha dependido de las comparativamente favorables condiciones económicas domésticas. El hecho de que Colombia tuviera en los dos últimos años la situación económica y financiera más sana de la región y estar cumpliendo a cabalidad con todas sus obligaciones externas, fue el fundamento objetivo sobre el que se construyó y se ha mantenido la política exterior del actual gobierno. De esta realidad surgen significativos interrogantes sobre la viabilidad de la política exterior de Belisario Betancur en el inmediato futuro.

Las perspectivas cambiarias que se tienen para la economía nacional son altamente incompatibles con el mantenimiento de las directrices vigentes en materia de política exterior. El gobierno se enfrenta al dilema de cómo hacer compatibles una política exterior fundamentada en la relativa autonomía económica, que se desprende de la hasta ayer favorable situación de liquidez internacional de la economía, cuando el país se enrumba con bastante certeza por los caminos de una potencial crisis en el frente externo.

La respuesta no es fácil y podría llegar a implicar que se requieren cambios sustanciales en la política exterior y en la política económica para el sector externo.

La estrategia de política económica para el sector externo —inversión extranjera, crédito externo privado, créditos de los organismos gubernamentales y multilaterales, exportaciones a los mercados desarrollados, etc.— debería conllevar un definitivo acercamiento y estrechamiento de las relaciones económicas internacionales de Colombia con los Estados Unidos y los demás países industrializados. De seguirse esta línea de acción en política económica sera ineludible un mayor condicionamiento externo de las decisiones políticas y económicas domésticas.

Adicionalmente, hay que tener en cuenta que aunque el país no ha entrado en un convenio formal con el Fondo Monetario Internacional, la realidad es que el FMI viene monitoreando el desempeño de la economía colombiana y la política económica ha recogido sus recomendaciones en torno a la necesidad de ajustarse el cinturón.

Esta canasta de políticas aparentemente se encuentra en rumbo de colisión con los lineamientos vigentes de la política exterior y ya ha comenzado a generar contradicciones entre los dos ministerios. De una parte surgen los conflictos entre la efectividad de la política económica para el sector externo y la política internacional.

Es así como la estrategia de distanciamiento y redefinición de las relaciones internacionales con los Estados Unidos, acompañada de la reivindicación del enfrentamiento Norte-Sur, parece no favorecer el estrechamiento de las relaciones económicas internacionales con los países desarrollados, como está implícito en la política económica. En las condiciones actuales del mercado financiero internacional los agentes económicos privados se han vuelto altamente sensibles al "riesgo político" para sus recursos, lo que necesariamente afecta las decisiones de asignación de recursos de financiación o inversión extranjera.

De otra parte, los cambios que se están dando en la dinámica económica de los distintos grupos de países sugieren que pueden ocurrir contradicciones entre el imperativo de exportar más y la conservación de los actuales lineamientos de la política exterior. Las dificultades crecientes para el acceso a los mercados del Tercer Mundo obliga al país a rediseñar su estrategia exportadora en función de la penetración de mercados nuevos en los países industrializados, y especialmente en los Estados Unidos. La diversificación del comercio internacional, que durante los setenta apoyó el desarrollo de una política exterior más autónoma y multilateral, no podrá actuar como un ingrediente de respaldo a la política exterior del gobierno. Surge entonces un nuevo conflicto ya que se va a tener una mayor dependencia de los mercados comerciales y financieros de los países desarrollados y los Estados Unidos, mientras que la política internacional busca una redefinición y con distanciamiento de las relaciones exteriores con ese grupo de naciones.

La política exterior es un ingrediente central dentro de la estrategia de paz interna del actual gobierno. La política internacional debe cumplir con la doble misión de actuar en favor de una resolución pronta y pacífica del conflicto centroamericano e impedir su difusión hacia el sur, y en segundo lugar recoger algunas de las principales reivindicaciones que en materia internacional han planteado algunos grupos guerrilleros. La evolución del sector externo amenaza esta segunda tarea asignada a la política exterior puesto que ya se vislumbra una clara contradicción político-ideológica entre la búsqueda de un acercamiento y una convergencia en el campo económico con los Estados Unidos y los países desarrollados, de un lado, y mantener en el discurso y en la actitud internacional una línea "dura" y "tercermundista". Cuando los que están mirando solo lo que ocurre con la mano izquierda se den cuenta y empiecen a sentir las realidades que se derivan de lo que viene haciendo la mano derecha, van a surgir inevitables fricciones que afectarán el consenso sobre el que se ha basado hasta ahora la estrategia de paz y de relaciones internacionales del actual gobierno.

VII
Evaluación de aspectos parciales de la política internacional de la administración Betancur

En este capítulo se recogen diversos puntos de vista sobre lo que ha significado para el país, y su política exterior, las principales innovaciones que en ese campo ha desarrollado el actual gobierno. Concretamente se presentan dos evaluaciones en torno a la incorporación de Colombia al Grupo de Países No Alineados y sobre la política del Presidente Betancur para Centroamérica.

Colombia en los No Alineados*

La Conferencia de Bandung (1954) —antesala de la formación del Movimiento No Alineado— y las de Belgrado (1961) y El Cairo (1964), establecen los tres temas prioritarios que constituirían la médula de la agenda básica del Movimiento: apoyo a la descolonización de los pueblos de Asia, Africa y el Caribe, lucha por un orden económico que respondiera más justa y equitativamente a las demandas e intereses de los países menos desarrollados, y búsqueda concreta de la paz y el desarme internacional en aras del relajamiento de las tensiones mundiales.

* Este material fue preparado por Juan Tokatlían, para el CEREC.

En este contexto, la primera hipótesis a mencionar es que, observando los lineamientos, postulados y prioridades de esta agenda central, se podrá entender el porque de la ausencia latinoamericana (con excepción de Cuba), incluido Colombia, en esta primera etapa del Movimiento.

Finalizada la Segunda Guerra Mundial, se inician dos procesos contradictorios que sellarán el destino de muchas naciones del Tercer Mundo. Por un lado, el derrumbe de los viejos imperios coloniales (en particular los de Gran Bretaña y Francia) que implicará el nacimiento de nuevos territorios independientes en Africa, Asia y el Caribe Insular. Proceso positivo en la medida que significó el surgimiento de países anteriormente sometidos al yugo colonial de las potencias centrales europeas. Por otro lado, el advenimiento e incentivación de la Guerra Fría entre Estados Unidos y la Unión Soviética significó la exacerbación de las tensiones internacionales y el condicionamiento a colocarse en uno u otro bando de esta contienda semi-bélica no declarada. Proceso negativo por cuanto significó un alineamiento directo y explícito a una u otra potencia, limitando así las posibilidades de inserción internacional de los países y la autoafirmación de poder elegir autónomamente el modelo socioeconómico y político a desarrollar en cada nación.

En esos momentos, el Movimiento No Alineado centra sus objetivos en apoyar la descolonización y la autodeterminación de los nuevos pueblos emancipados, así como lograr un "espacio de neutralidad" para los territorios recientemente independizados, que permitiera no comprometerse automáticamente con ninguo de los bloques en disputa.

América Latina vivía en esa época una realidad diametralmente diferente a aquella de los nuevos países afro-asiáticos y caribeños. Por razones históricas, las naciones continentales ya habían superado la etapa colonialista y eran países soberanos desde finales del siglo XVIII y mediados del siglo XIX. La descolonización era una consideración ajena y hasta lejana. Los vínculos históricos, políticos, económicos y culturales con las nacientes repúblicas del Tercer Mundo, eran absolutamente nulos o casi inexistentes. No había un sentimiento de apoyo pues ni siquiera existían relaciones diplomáticas regulares con esas porciones del mundo subdesarrollado. Paralelamente, la neutralidad del Hemisferio en la contienda de la Guerra Fría era simplemente un deseo de algunos pocos, pues de hecho el continente permaneció completamente alineado a la posición sostenida por Estados Unidos. Los dividendos de una alianza directa con el coloso del norte eran el reaseguramiento de la defensa continental y los frutos de la Alianza para el Progreso.

En dicho contexto, el No Alineamiento era utópico si no imposible. La "Seguridad Nacional" de Estados Unidos se extendía desde Alaska hasta Tierra del Fuego y los latinoamericanos aceptaban con beneplácito el cobijarse ante la tutela de la gran potencia occidental. De allí que, salvo Cuba, ningún país latinoamericano haya intentado incorporarse a los No Alineados. No se podía ni se debía. Esas eran las premisas del alineamiento automático con uno de los contendores de la Guerra Fría.

Ahora bien, la década de los setentas marca un nuevo período para nuestro Continente y para el conjunto del Tercer Mundo. Se hace evidente el proceso de distención, o détente, las economías latinoamericanas crecen a tasas vertiginosas, se produce una creciente diversificación de la producción y la exportación, aumentan las demandas por un orden internacional más justo y democrático, se producen cambios en la correlación de fuerzas mundiales, se agiganta la importancia de poseer recursos naturales claves en lo que hace a la capacidad de maniobrabilidad y negociación de los diversos países, se inicia (luego de la cuadriplicación del precio del petróleo en 1973) una crisis económica de envergadura en los países centrales del mundo capitalista, etc. Es decir, se producen cambios cualitativos y cuantitativos fundamentales a escala nacional, regional e internacional. Concomitantemente, se resquebraja el alineamiento automático con

Estados Unidos en especial de parte de importantes países del Continente.

Bajo este nuevo escenario continental e internacional, se produce desde la Conferencia de Lusaka (1970) —y pasando por la de Argel (1973) y Sri Lanka (1976)— hasta la de La Habana (1979) el mayor contingente de ingreso de países hemisféricos al Movimiento No Alineado. La preocupación por la estructuración de un orden económico más equitativo y justo se corrobora en la Declaración de Argel sobre un Nuevo Orden Económico Internacional.

El tema de descolonización da paso al de la urgencia y necesidad de un desarrollo económico más armónico y congruente con los intereses de los países menos desarrollados del mundo. Y ya allí vemos la presencia de América Latina consustanciada con esa problemática y apoyando las reivindicaciones unitarias del Tercer Mundo.

Retomando la agenda básica del Movimiento y considerando el actual nivel de tensión internacional, más la despilfarrante y peligrosa carrera armamentista desatada, es muy probable que la próxima reunión de los No Alineados concentre su interés y resoluciones en la paz mundial y la relación de ésta con los requerimientos de estabilidad y desarrollo económico de parte del mundo subdesarrollado.

Una segunda hipótesis a considerar se refiere al hecho de que la postura internacional del Movimiento debe observarse a la luz de los hechos históricos concretos y no únicamente a través del prisma de las personalidades que se encuentran presidiendo, en diferentes momentos, el mencionado grupo de países No Alineados. En este caso, intentaremos, plantear la existencia o no de una radicalización política dentro del movimiento.

El término mismo de "posición radical" es de difícil delimitación dado que permite englobar un sinfín de actitudes que políticamente son juzgadas como "extremas". En un sentido muy amplio, el Movimiento No Alineado siempre fue radical. Lo fue por su postura anti-imperialista, antibloquista, antimilitarista y anticolonialista. Y ello tiene una razón de ser. Los pueblos del Tercer Mundo que iniciaran el Movimiento tenían como punto de referencia "anti" el mundo occidental industrializado y no el bloque socialista. La dominación colonial provenía de las potencias centrales del Oeste. El sistema económico y político establecido en sus territorios seguía las pautas y postulados "modernos" de Occidente. Los Movimientos de Liberación Nacional y las guerras de independencia se llevaron a cabo contra potencias del mundo capitalista. Esto dio al movimiento una impronta particular que sin embargo no llevó a una identificación irrestricta con los países del Este, sino que por el contrario intentó conservar su propia autonomía. Su radicalismo anti-colonialista y anti-imperialista cobra allí su sentido pero también su medida. No juzga a ultranza a la Unión Soviética como tampoco acepta la implantación de un modelo similar al soviético en sus propias sociedades.

La posición de los No Alineados resulta del cúmulo de las experiencias históricas de los países que lo conforman y de la lucha que ha desarrollado en pos del logro de su propio sitio en el escenario internacional. La mayor o menor radicalización del Movimiento proviene de los proyectos internos que cada uno de los países viene desarrollando en el seno de sus propias sociedades. Pero dicha radicalización no se produce como resultado de la subordinación al bloque socialista, sino como intento de desafiliarse de los lineamientos estrictos de los dos bloques (capitalista/socialista) y buscar una posición independiente y congruente con los propios intereses nacionales de los países No Alineados. Como señala el profesor yugoslavo Radovan Vukadinovi ("The Original Concept Of Nonaligment", ponencia ante el XII Congreso Mundial de Ciencia Política, Brasil 9-14 de agosto, 1982)... "la política de No Alineamiento fue concebida como una política activista con sus propios intereses y objetivos estratégicos... (por ello) es evidente que todo intento de introducir y apoyar la teoría de la equidistancia llevaría a todo el Movimiento hacia atrás, colocándolo en un mero observador pasivo, neutralista, de los desarrollos mundiales".

Así entonces, el Movimiento no desea ubicarse como un espectador inactivo de los acontecimientos internacionales, ni convertirse en una especie de "fuerza de reserva" de uno u otro bloque. Radicaliza su demanda hacia el mundo occidental, de quien ha sido un apéndice dependiente, pero también fustiga al Este cuando así corresponde. A ese respecto parece interesante considerar el trabajo de otro profesor yugoslavo, Vlado Benko ("The Concept of Nonalignment seen through voting behaviour of Nonaligned States in the General Assembly of The United Nation's", ponencia presentada ante el mencionado Congreso); quien demuestra este punto a través de la votación del Movimiento sobre cuestiones relacionadas con Afganistán, Kampuchea, etc.

En última instancia, la mayor o menor radicalización del Movimiento no depende única y exclusivamente de las cabezas visibles que puedan liderarlo, sino que aquella se encuentra relacionada al pasado histórico de los mismos países No Alineados y a la renuencia constante del mundo desarrollado de negociar efectivamente por un orden internacional más equilibrado, justo, equitativo y democrático. Un ejemplo paralelo a lo que se sostiene en este caso lo podemos encontrar en la Organización de Unidad Africana. ¿Por qué?

Dicha organización ha sido considerada como "extremadamente" radical, aunque su presidente ha sido, en los últimos tiempos, el mandatario más "occidental" del Continente Africano, el Presidente de Kenia Daniel Arap Moi. En realidad el presidente de turno no puede ir "más allá" de lo que va el propio movimiento ni tampoco frenar las tendencias inherentes expresadas por el consenso de países africanos. El "radicalismo" de esta organización trasciende el marco personal de los líderes de la misma. Su fuente se la debe buscar en las experiencias de los pueblos en cuestión y en el tipo de demandas que sostiene a nivel regional y en foros internacionales. No son demandas que buscan, en últimas, la "sovietización y satelización" de sus países, sino la posibilidad de elegir autónomamente la vía de desarrollo que consideran más afín a sus intereses concretos, y paralelamente presionar globalmente para un tratamiento más justo e igualitario de parte de las potencias centrales.

La tercera hipótesis a tener en cuenta es que no se puede explicar el ingreso de Colombia a los No Alineados por medio de teorías "pseudo-conspiratorias". Esto significa que se debe analizar más detenidamente el razonamiento que llevó a Colombia a solicitar su incorporación al Movimiento. Las explicaciones maniqueistas que se refieren a una supuesta "cubanización" de la política exterior colombiana; que infieren que Colombia ha sido "colocado" en el Movimiento por virtud de Estados Unidos y con el fin de convertirse en un "quintacolumnista" entre los No Alineados; que deducen que el país debe ingresar si salen todos los "indeseables" que reniegan del multilateralismo porque el bilateralismo (en especial en lo que se refiere al papel del café en las negociaciones internacionales) es lo que ha redundado en máximos beneficios económicos para la nación; que sobre-exageran el papel individual sobre el de los acontecimientos; no permiten colocar la decisión colombiana en su justa medida ni responden a las inquietudes que motivaron al Presidente Betancur a llevar a Colombia al Movimiento. Nada es sencillo ni blanco-negro en política. No existe "casualidad" sino algún tipo de "causalidad". Descubrir la lógica de tan importante decisión nos lleva realizar ponderaciones explicativas y no "jugar" al azar de fraseologías inmediatas o subjetivas.

Razones y Motivaciones para el Ingreso de Colombia

El profesor Bahgar Korany ("Nonalignment, Nation, Building and International Order", ponencia ante el mencionado Congreso) de la Universidad de Montreal, realiza un análisis muy interesante respecto a por qué los países del Tercer Mundo encuentran en el No Alineamiento un elemento importante de cohesión interna y presencia internacional. La estrategia de los Frentes Unidos otorgó a los diferentes países —durante el proceso de su independencia— la posibilidad de mancomunar esfuerzos en pos de un objetivo específico. Sin embargo, vencido el poder colonial, comienza a visualizarse una desintegración de estos Frentes por cuestiones ideológicas y políticas. Se dan entonces una serie de disrupciones sociales, que escapan al control directo de los gobernantes.

En este contexto de problemáticas sociales y divergencias políticas, "la elección de la política exterior de un país del Tercer Mundo es utilizada para atenuar en vez de agravar esa posible desintegración. En otras palabras, se intenta reconstituir y recrear las condiciones reminiscentes del contexto de unidad nacional" (Korany). La tesis subyacente a este tipo de argumentación apunta a señalar la vinculación entre unidad interna y política internacional No Alineada; descubriendo que han ingresado a dicho Movimiento, países que se han caracterizado por tener —en el momento histórico de su incorporación al No Alineamiento— "frentes nacionales", "frentes unidos", "movimientos amplios", "movimientos nacionales", que buscaban aglutinar fuerzas dispersas en aras de lograr estabilidad interna y la homogeneidad de dichos proyectos de unificación. Creemos que este es un punto importante, pues podemos visualizar en Colombia el advenimiento al poder del así denominado "Movimiento Nacional", que intenta superar toda contradicción socio-política y organizar un "gran partido nacional" que enajene toda disputa estéril a nivel de la sociedad global. No es la reconstrucción del Frente Nacional con su borrosa aunque explícita división liberal-conservador, sino una fuerza política amplia que cobija en su seno conservadores de diversas extracciones, liberales disidentes, independientes, anapistas, demócratas cristianos, etc. Es obvio, entonces, que siguiendo la tesis del profesor Bahgat Korany, la incorporación del Movimiento Nacional, del presidente Betancur, al Movimiento No Alineado no es azarosa ni intempestiva.

Por otro lado, se debe sumar otro fenómeno interno que ha sido expresado en diversas ocasiones por el doctor Fernando Cepeda Ulloa; quizás el único cientista político colombiano que ha recogido esta variable "interna". En breve, su argumentación es la siguiente: la incorporación al Movimiento No Alineado está relacionada en el proceso interno de paz.

¿En qué medida? Existe una "estrategia de paz" general de la cual la amnistía constituye su pilar fundamental pero no único. El "abrir" la política exterior a contactos más fluídos y menos tensos con anteriores "enemigos", del Estado Colombiano, como Cuba, es parte de la búsqueda de aislar la variable externa de una posible internacionalización de los conflictos internos.

Este tipo de interacción entre lo interno y lo externo, también ha sido sostenida por diferentes autores en el caso de otros países y por lo tanto resulta importante captar lo relevante de este tipo de vinculación señalada por el doctor Cepeda en toda su dimensión.

Por ejemplo, el sociólogo mexicano, coordinador del Centro de Estudios Económicos y Sociales del Tercer Mundo (CEESTEM), Iván Menández, dice en un artículo llamado "México al No Alineamiento" (Revista Nueva Sociedad No. 63, Caracas, Venezuela): "Es por este movimiento, con mayor razón ahora que antes, que México debe ingresar al Movimiento de los No Alineados ante un eventual intento de desestabilización de su régimen institucional por parte de fuerzas externas ligadas a sectores internos y oligárquicos del capital, ante la crisis financiera que vivimos...".

Es decir, por un motivo y otro, se interpreta que el ingreso a los No Alineados puede colocar un freno a fuerzas foráneas que intenten o busquen resquebrajar al estado de derecho o globalizar un conflicto latente que solamente compete a la soberanía nacional del país en cuestión.

Por ello, la dinámica y el proceso internos cumplen un rol importante en este tipo de decisiones internacionales. Buscan ampliar los lazos con el mundo exterior así como paralelamente explicitar el interés nacional en términos de preservación de la estabilidad institucional.

Al mismo tiempo, asistimos a un intento de recomponer el cuadro general de las relaciones internacionales del país. Podríamos señalar que la década del setenta —con diferente intensidad y en diversos momentos históricos— demostró el advenimiento de una política latinoamericana diferente. El hecho fundamental lo ha constituido la pérdida del poder hegemónico de Estados Unidos en las relaciones internacionales contemporáneas. Concomitantemente, a nivel subregional, se da el fin de la doctrina del "alineamiento automático" con el país del Norte. El desenvolvimiento de la política exterior del expresidente López Michelsen constituyó un primer intento en ese sentido. De alguna manera, la actitud internacional del Presidente Betancur responde a esa línea de cambio en la conducta internacional del país. No más tutelas unilaterales de parte de Estados Unidos, máxime que cuando a mayor afinidad y acercamiento, menores beneficios directos para el país. Parafraseando al Profesor Bruce Bagley, "Desde esta perspectiva la recomendación del Presidente Betancur en el sentido de que Colombia se integre al Movimiento No Alineado, se puede interpretar como una maniobra táctica diseñada a hacer saber a los Estados Unidos que el apoyo de Colombia no se puede seguir dando por hecho".

Existe además una cuestión estratégica que no ha recibido mucha atención. Es importante, también, ubicar la decisión colombiana dentro del contexto de la política exterior venezolana. No hay una simbiosis entre ambas pero sí una mutua evaluación de lo que va haciendo el otro. Así como Colombia no podía quedar marginada de los acontecimientos e iniciativas que se superponían en la

Cuenca del Caribe (que implicaban un papel protagónico de Venezuela), tampoco Colombia podía dejar de sopesar las consecuencias de la decisión venezolana de ingresar al Movimiento.

Lamentablemente, la solicitud de Venezuela fue vetada por la actitud de Guyana. Más ello no obvia que en la primera determinación de ser partícipe el cónclave del No Alineamiento, ambas cancillerías se hayan mirado cautelosamente para observar la estrategia internacional de cada una de ellas. El Presidente Betancur no anunció, durante su campaña electoral, los pasos a seguir en cuanto a la posible afiliación a los No Alineados. Sinembargo, no se debe descartar la posibilidad de que algunos asesores lo pusieran al tanto de la labor diplomática venezolana en ese sentido (que fue anterior a la colombiana).

Por último, la variable "prestigio" también cumple su papel destacado en estas consideraciones. Máxime cuando el aislamiento diplomático regional del país —producto en mayor medida de la posición colombiana frente al conflicto de las Islas Malvinas— era sensible y perceptible. Se necesita de una "nueva" imagen y un mayor acercamiento con los países latinoamericanos. No cabía, por otro lado, insistir sobre las "bondades" del foro continental de la O.E.A. Se requería una estrategia más amplia y una participación más activa a nivel regional e internacional. La convocatoria a una reunión ministerial regional en Cartagena y la decisión de vincularse al No Alineamiento, concuerdan con esta visión. Son muy llamativos y dicientes las actitudes asumidas por los países latinoamericanos en la nominación presidencial del Canciller Rodrigo Lloreda en la Asamblea de 1982 de la O.E.A., así como el apoyo —a nivel Naciones Unidas— para el ingreso de Colombia al No Alineamiento. Países como Nicaragua (otrora "enemigo nacional" por su reclamo sobre San Andres y Providencia), Perú (con cierta "molestia" por la actitud colombiana ante su conflicto con Ecuador), Argentina (donde consideraban a Colombia como el "Caín de Sur América") y Cuba (otro "enemigo" declarado por razones bien conocidas) apoyaron en todas sus instancias la solicitud de ingreso de Colombia.

Este es un factor sobresaliente, si se compara la "soledad" hemisférica de Colombia antes del 7 de agosto de 1982 y su situación actual.

Ventajas y Desventajas

Obviamente, al internarnos en este terreno no podemos ponderar las ventajas o desventajas de la incorporación a los No Alineados en abstracto. Debemos preguntarnos ventajas para quién o desventajas para qué grupos o individuos. También, debemos considerar el "plazo" de las mismas. Es decir, adherirse a un determinado Movimiento o corriente internacional no implica la decisión circunstancial y antojadiza de afiliarse y de esa manera se resuelve todo. Debe existir una macro-visión más amplia y concreta de los alcances y limitaciones en el tiempo, de dichas decisiones. Por lo tanto, los dos factores explicitados se conjugan, en la medida que nos permiten discernir más objetiva y claramente los pro y/o contras del deseo colombiano de ser parte constitutiva del Movimiento de No Alineamiento.

Un primer intento de aproximación al tema nos lleva a verificar lo siguiente: A favor del ingreso se encontraban sectores destacados del conservatismo, el liberalismo oficialista, liderado por López Michelsen, los partidos de izquierda y sectores amplios de la prensa y la intelectualidad colombiana. En contra, están grupos minoritarios dentro del conservatismo, el liberalismo turbayista y llerista y determinados sectores influyentes de la prensa tradicional del país. Las Fuerzas Armadas no han expresado vocalmente o a través de los medios de comunicación su posición al respecto. Aunque, considerando su pasado, es de suponerse que no comparten, pero acatan, dicha decisión.

Por otro lado, en lo que hace al resto de las fuerzas sociales del país, las Centrales Obreras han apoyado el ingreso de Colombia, aunque no han formulado un debate profundo del tema. Los gremios económicos se han mantenido casi impávidos ante este evento y solamente al gremio cafetero expresaron —a través de ciertos editoriales de El Tiempo— su negativa a colocar a Colombia dentro del No Alineamiento. Parecería notarse que existe un celo específico de este sector empresarial a perder lo que el doctor Marco Palacios ha llamado la "apropiación privada" de las relaciones exteriores del país. Es decir, también parecería afirmarse la noción recogida por Juan Manuel Santos de que... "La política internacional de Colombia necesariamente debe tener presente, en todo momento, su primer producto de exportación".

La opinión pública en general, como lo señala el profesor Gerhard Drekonja en su libro "Colombia: Política Exterior", no parece interesarse de estos temas ni participa efectivamente en el planteamiento o discusión de cuestiones relacionadas a la conducta externa del país. Es ajena al devenir de estos acontecimientos. Del Congreso Nacional, tampoco han surgido discusiones de envergadura acerca del ingreso al Movimiento, a excepción del Representante Pardo Llada quien, reiteradamente, ha cuestionado la determinación del Presidente Betancur.

Concomitantemente, para los sectores que apoyan la inclusión dentro de los No Alineados, las ventajas parecen centralizarse en las posibilidades de ejercitar una política exterior más autónoma, más consustanciada con los intereses y demandas del Tercer Mundo en general, las posibilidades que encierra una actitud más dinámica en los foros internacionales y en especial aquellos donde el mundo subdesarrollado, intenta presionar por un orden económico internacional más justo y equitativo, amplía el margen de maniobrabilidad que poseerá la Cancillería en su relación bilateral con los Estados Unidos, la importancia de contribuír activamente en el desarme internacional y en el logro de la paz a nivel de Centro-américa, la independencia de criterio internacional que asumiría Colombia al diversificar y ampliar sus relaciones exteriores, y los beneficios de multilateralizar la actividad diplomática del país.

Desde el sector que percibe las desventajas de un "alineamiento" con los No Alineados, se pone énfasis en el "contubernio cubano-soviético" que intenta manejar los hilos políticos del Movimiento, la posible "retaliación" de los países centrales, en particular, Estados Unidos, quienes podrían tomar medidas punitivas ante esta "aventura" colombiana, la ponderación de los conductos bilaterales específicos ante la "ineficiencia" o los aspectos negativos que implican el uso excesivo de entes y foros multilaterales, la posible "desoccidentalización" del país al unirse a pueblos y países de otras tradiciones y otros valores ético-religiosos, la necesidad de sacar a todos los "malos" del Movimiento como condición sine qua non para la incorporación de Colombia, la comparación con otros países quienes, luego de ingresar al No Alineamiento, no han logrado ventajas palpables o soluciones a sus graves problemas internos y externos, la inutilidad de los logros políticos del Movimiento, etc.

Tentativamente, podríamos sostener que sería necesario generar más discusión pública acerca de estos pro y contra del ingreso de Colombia a los No Alineados. En el mediano plazo, la decisión no parece contener elementos en su contra. La incorporación al Movimiento parece otorgar más prestigio que su no consideración. Colombia intenta poner un límite al "alineamiento automático" con los Estados Unidos. El país participa más activamente en foros y organismos multilaterales como vocero más respaldado e integrado a las demandas e intereses del Tercer Mundo en general y América Latina, en particular.

La utilidad económica del Movimiento estará condicionada al devenir del verdadero diálogo Norte-Sur (hoy prácticamente estancado) y al grado de presión del Tercer Mundo y la concomitante respuesta del mundo industrializado en lo que hace al establecimiento del Nuevo Orden Económico Internacional (con todo lo relacionado al problema de materias primas y la creación de un fondo común para el financiamiento de reservas estabilizadoras de productos clásicos, el acceso de las manufacturas y semimanufacturas a los mercados de países industrializados, la deuda externa y el financiamiento del desarrollo, los problemas acerca del código de conducta en lo que hace a la transferencia de tecnología y al rol de las multinacionales en las economías locales, etc.).

La utilidad política del Movimiento es un poco más evidente si consideramos varios ejemplos, a saber: el caso de Argentina, quien a pesar de poseer un régimen militar y antipopular, logró (gracias a las gestiones dentro y a través de los Nos Alineados) una mayoría en Naciones Unidas acerca de la causa en pro de la recuperación de las Islas Malvinas, el apoyo No Alineado a Egipto cuando la nacionalización del Canal de Suez y ante las amenazas de intervención por parte de Francia e Inglaterra, el respaldo total del Movimiento hacia Panamá para la conclusión del tratado Torrijos-Carter, la contribución de los No Alineados a la solución definitiva del conflicto bélico entre India y Pakistán, el rol del Movimiento en la independencia de Zimbabwe, etc. Estos son hechos concretos que ameritan una consideración de tipo político muy especial por la importancia que posee el Movimiento como Foro Político. Sin "mistificar" su relevancia —pues es de todos conocida la dificultad para solucionar el conflicto entre Irak e Irán— pero sopesando, comparativamente, los logros obtenidos (mayores) ante los eventuales fracasos (menores) el panorama es favorable.

También está la dimensión a largo plazo, que merece un enfoque particular. Esta se encuentra relacionada al grado de "compromiso" que asuma el país, no solo en la actualidad, sino también en el futuro. Decimos compromiso pues la incorporación al Movimiento no es un simple gesto retórico o verborrágico. Existen cuestiones "claves", en especial en Naciones Unidas, que necesitan de una solidaridad común de Colombia con el Tercer Mundo y una reafirmación de la soberanía nacional en lo que hace a temas internacionales.

Colombia mantiene varios puestos significativos en los cuerpos directivos de órganos principales o comisiones especiales de Naciones Unidas. Por ejemplo. Colombia posee su asiento en el Consejo Económico y Social que tiene incidencia en los procesos de desarrollo y promueve determinadas recomendaciones sobre comercio, derechos humanos, prevención del delito, etc. Colombia juega un papel importante en el programa de Naciones Unidas para el Medio Ambiente, como también dentro del Consejo Mundial de Alimentación. Es parte del Comité Preparatorio de la Conferencia sobre Utilización Pacífica de la Energía Nuclear. Al mismo tiempo, el país es integrante del Consejo de Naciones Unidas para Namibia (tema por demás delicado para el conjunto del Tercer Mundo) y del Comité Ad-hoc para la Conferencia Mundial del Desarme (tema muy relacionado al paralelo establecimiento de un Nuevo Orden Económico Internacional).

Colombia forma parte de la Comisión sobre la Utilización del Espacio Untraterrestre con Fines Pacíficos y del Comité de Información de la ONU (encargada de promover el logro de un Nuevo Orden Mundial de la Información), así como de la Junta de Comercio y Desarrollo, vinculada a las Unctad.

Todo esto es importante en la medida que en las Comisiones o Comités se establecen las pautas a seguir en futuras resoluciones de la Asamblea General. A ese nivel básico, se da por lo general la convergencia o divergencia no solo entre el Norte y el Sur, sino también entre el mismo Sur. Continuamente se está percibiendo que en estas temáticas, el Tercer Mundo busca homogenizar más y más sus posiciones. Por ello, sería necesario tomar conciencia de su significación y comprender que es en esta temática y a este nivel donde se da la verdadera participación mancomunada del Movimiento. El "compromiso" no se "pide" ni se "busca" tanto, en las resoluciones como la intervención rusa en Afganistán, donde se prevé que los países actuarán en consonancia con sus antecedentes, su régimen socio-político, o su posición en el contexto internacional. Sinembargo, existe otro temario: desarme, apartheid, proteccionismo, informática, etc., que casi que "exige" una co-participación entre los países del mundo subdesarrollado.

Aquí es donde se verifica la real dimensión del No Alineamiento. Esta es una faceta que merece consideración y una ardua y consistente actividad diplomática y política. Además, no responde únicamente a una situación coyuntural sino a una línea de conducta internacional independiente que se extiende más alla del tiempo inmediato.

A Modo de Conclusión

La determinación colombiana de unirse al Movimiento de los No Alineados puede juzgarse como una actitud positiva de parte del actual gobierno. Denota el intento de salir de esa suerte de parroquialismo e introversión que genéricamente asumía al país en una especie de isla solitaria del sistema internacional. Como toda decisión de envergadura, seguramente implicará riesgos políticos, tanto internos como externos, con el consabido cuestionamiento de parte de aquellos actores que desean resignar la posición colombiana a un papel pasivo en las relaciones internacionales contemporáneas.

La capacidad de "acción externa" estará directa y proporcionalmente relacionada al modelo interno que se intente estructurar en el país. El mayor o menor margen de maniobrabilidad internacional está condicionado a los resultados de la estrategia socio-económica. Es decir, con una economía sin crecimiento real y un mercado internacional recesivo, con un deterioro creciente de las condiciones sociales y económicas del país, será muy difícil explicitar una política externa autónoma pues se continuará dependiendo de países y mercados que son ajenos al control colombiano; lo cual incentivaría una dependencia estructural que recortará los niveles y grados de autonomía internacional.

El No Alineamiento, per se, no ofrece la solución mágica a los problemas políticos y socio-económicos internos. La incorporación a dicho Movimiento es un paso trascendental y progresita pero debe ser acompañado por una serie de cambios significativos en el campo doméstico. Cuán reformista se puede ser en política exterior y cuánto en política interior, es un interrogante abierto a todo tipo de especulaciones. Cuál es el límite de "permisibilidad" para llevar a cabo esas modificaciones en ambos terrenos es otro profundo dilema que se deberá responder en el futuro próximo.

Creemos que hay que dejar de lado los "miedos" obsesivos. Confiar en las propias capacidades y potencialidades. Asumir un debate claro y crítico sobre el tema en cuestión. Sopesar las ideas, no únicamente en su "forma", sino también —y por sobre todo— en su contenido. El No Alineamiento no es un "tabú" o una palabra "indeseable". Con concepciones maniqueistas ni el país ni el gobierno ganan. Se necesitan más foros de discusión donde se planteen abierta y democráticamente los pro y contras de la afiliación colombiana. Se requiere, urgentemente, plantear estrategias a seguir. Se debe buscar definir, consecuentemente, los alcances de esta iniciativa del país. Se puede proporcionar al público en general, una información más explícita de lo que es y a donde van los No Alineados. Resumiendo, hay que abordar este tipo de temas desde todos los puntos posibles y someter cada uno de ellos a una autocrítica veraz y coherente, con la mayor participación posible de la sociedad colombiana. El tema no se agota en la instancia de incorporación al Movimiento. Lo actual es simplemente una etapa —importante por supuesto— que se relaciona a otros períodos posteriores, que exigen más análisis y estudio.

Por último, la tarea de "repensar" el futuro internacional de Colombia y la incidencia del ingreso, y posterior actividad dentro de los No Alineados, no es una labor que corresponda con exclusividad al Movimiento Nacional liderado por el Presidente Betancur. Es una tarea que también debe ocupar y preocupar al partido liberal. Cualquier estrategia de política exterior que intente diseñar dicho partido, ante la posibilidad de su retorno al poder, debe contemplar este hecho del ingreso de Colombia al Movimiento No Alineado. La significación y proyección de esta decisión soberana del gobierno colombiano, seguramente, permeará el destino internacional de la nación por las próximas décadas. De allí su importancia para todos los sectores políticos del país.

CONTADORA: Balance de 2 Años*

El balance de los dos primeros años del Grupo de Contadora muestra un doble resultado: el cumplimiento de objetivos que poco tienen que ver con su propósito original, y la imposibilidad de culminar el acuerdo sobre un "Acta para la Paz y la Cooperación" en la región.

Dicho balance no puede realizarse sin evocar la razón principal de la existencia del Grupo: un desacuerdo con los Estados Unidos (o mejor, con la administración Reagan) sobre la naturaleza del conflicto centroamericano. Mientras que para la Casa Blanca la crisis ha sido una escena del conflicto Este-Oeste que tiene lugar en el Itsmo, para los países que componen el Grupo se trata de una serie de problemas domésticos que son consecuencia de largos años en los cuales el autoritarismo generó situaciones de injusticia social, desigualdades económicas y desmovilización política.

* Este material fue preparado por Rodrigo Pardo para el CEREC.

En segundo lugar, el gobierno del Presidente Ronald Reagan y los de las cuatro naciones reunidas en el proceso de Contadora tienen un profundo desacuerdo con relación a sus respectivos intereses en la región. Para Washington no se puede perder un centímetro en su "patio trasero". Cada gobierno izquierdista es un triunfo de Moscú en un proceso de "suma-cero" que afecta la seguridad nacional de los Estados Unidos. Managua está más cerca de Houston de lo que Houston está de Washington, ha repetido varias veces el presidente Reagan, por lo que la presencia allí de agentes del comunismo internacional representa un peligro para la seguridad vital de su país. Es una visión geopolítica.

Los gobernantes de Contadora, por su parte, perciben que los conflictos domésticos existentes en las naciones de centroamérica podrían internacionalizarse y cobijarlos a ellos. Este es el caso en especial de México y Colombia, quienes creen que eventualmente se podrían borrar las líneas fronterizas en un solo conflicto armado. Las crisis internas de cada país darían lugar a una guerra generalizada en la cual Washington y Moscú llevarían los verdaderos escudos de vanguardia, en una situación que alinearía a gobiernos y grupos subversivos de lado y lado.

De diagnósticos tan diversos sobre la realidad existente, y de intereses tan diversos allí percibidos, se derivan opiniones opuestas sobre las políticas que deben ejecutarse para alcanzar la paz.

Washington busca la contención militar del expansionismo cubano-soviético (eje en el cual incluye de hecho a Nicaragua) y la restauración de la imagen exterior de los Estados Unidos como super-potencia.

Según el Presidente Reagan, los fracasos de la administración Carter en materia de política exterior, dramatizados en casos como Irán y Nicaragua que se perdieron al comunismo, ocurrieron por una falta de voluntad del gobierno de entonces para utilizar la fuerza. En consecuencia, el país debe comportarse como un gran poder y en ello la fuerza militar es un instrumento disponible, útil y eficaz, cuya utilización, depende de un estudio ex-ante sobre la relación costo-beneficio.

Contadora, por su parte, piensa que la fuerza no resuelve el problema. Por el contrario, es parte del problema. Busca en cambio la des-militarización de los conflictos, el retiro de asesores militares de todos los países, la suspensión de la carrera armamentista en la región y la institucionalización de mecanismos de participación política como escenario para que se solucionen los conflictos. Escenarios, desde luego, en los que entrarían a figurar todas las partes, incluyendo a Cuba y Nicaragua en el contexto regional, y al FMLN y otros grupos guerrilleros en los contextos domésticos.

Para Estados Unidos resulta inaceptable la existencia de regímenes marxista-leninistas en el área. Tampoco puede darse el visto bueno al desbalance militar que existe en la actualidad en favor de Managua y la Habana. Para Contadora, se debe buscar una "coexistencia pacífica" con Ortega y Castro (e inclusive con el FMLN y con otros movimientos guerrilleros) y una congelación de las actuales dotaciones de armamento de los distintos países.

Son dos posiciones, en síntesis, radicalmente opuestas. Incompatibles. No pueden producirse al mismo tiempo, ni puede obtenerse un punto intermedio entre las dos. Buscan objetivos prácticos divergentes y responden a concepciones filosófico-teóricas que son como el agua y el aceite.

El proceso de Contadora, por esta razón, se puede resumir como una competencia entre los Estados Unidos y el Grupo por imponer cada uno su respectiva solución. Washington quiere sacar del ring a los sandinistas y Contadora quiere entenderse con ellos. Washington busca equilibrar la balanza de poder ayudando militarmente a Honduras, El Salvador y Guatemala, mientras Contadora busca el desarme.

En dicha competencia hay uno de los participantes que tienen en sus manos las cartas ganadoras: Estados

Unidos. Basado en su sólido sistema económico y en su acerbo militar, el gobierno norteamericano tiene capacidad de imponer "su" solución por encima de Contadora. Esta es la mayor limitante que tiene el Grupo y la principal razón para que no haya podido, no pueda, ni vaya a lograr la firma de todos los apartes de un "Acta de Paz" como la que ha propuesto.

Hay otras limitantes, sinembargo, que se podrían denominar "internas" al Grupo. La existencia de diferendos fronterizos entre las naciones que componen Contadora (Colombia y Venezuela); entre países en el Grupo y países en el conflicto (Colombia y Nicaragua); y entre los participantes en el conflicto propiamente dicho (Nicaragua y Honduras, Nicaragua y Costa Rica), le quitan fuerza a la iniciativa. En segundo lugar, divergencias internas dificultan la cohesión de la acción y la búsqueda de objetivos. Se dice, por ejemplo, que el tipo ideal de régimen político que México desearía en la región está más a la izquierda de lo que desean Colombia y Venezuela. Y los intereses económicos de unos y otros varían, en la región, de acuerdo a los principales productos de comercio de cada cual.

En tercer lugar, las crisis económicas han afectado a los países que forman el Grupo, uno a uno, comenzando por México y terminando por Colombia. Tales crisis debilitan el proceso porque afectan la relación, con los Estados Unidos, de los países en dificultades de balanza de pagos. Las crisis del sector externo conducen a negociaciones con entidades no estatales norteamericanas (bancos) y con organismos multilaterales, en los cuales Estados Unidos conserva la mayoría en la estructura de votación, como el Fondo Monetario Internacional. Las relaciones bilaterales se hacen más asimétricas, bajo estas condiciones, debilitando así la capacidad de las naciones de Contadora para llevar a cabo su labor desde una posición de desacuerdo con los Estados Unidos.

A pesar de estas limitaciones señaladas, el Grupo de Contadora ha tenido un espacio vital de acción que le ha permitido el cumplimiento de algunos objetivos. Tal espacio surge del hecho de que el proceso busca en sí, y por definición desde la promulgación de la "Declaración de Contadora" que dio origen al Grupo en enero 9 de 1983, una negociación entre todas las partes incluyendo a los Estados Unidos.

Los primeros meses de existencia del Grupo de Contadora, además, se destinaron eficientemente a la búsqueda de una ampliación del espacio de acción con que contaba. La dinámica ofensiva diplomática llevada a cabo por los Ministros de Relaciones, en la cual colaboraron algunos Presidentes de los países miembros tanto al interior de la región como en el resto de América Latina y en Europa, fueron derivándose en un gran apoyo mundial hacia la iniciativa.

La búsqueda de la "paz negociada" se volvió así una "causa noble" cuya oposición tenía costos políticos cada vez mayores, por lo que fue acumulando un apoyo unánime que llegó incluso desde la Oficina Oval de la Casa Blanca. El presidente Reagan, en efecto, envió a los cuatro mandatarios de Contadora una comunicación el 26 de octubre de 1983, apoyando la recientemente publicada "Declaración de Cancún". Esta última era el resultado de una reunión en México de los Presidentes de Colombia, México, Panamá y Venezuela, en la que se sintetizaban los ideales de dichos mandatarios para la solución de la crisis centroamericana: desmilitarización, democracia, desarrollo económico, avances sociales, etc.

El apoyo que Reagan ofrecía en la mencionada carta era solamente una respuesta al hecho de que oponerse a Contadora en público había adquirido costos políticos y era una muestra de que el Grupo había abierto para sí un espacio vital un poco más amplio. Ello le permitió el cumplimiento de varios objetivos.

En primer lugar, obtuvo el apoyo de Nicaragua a la iniciativa. Esto solo fue posible luego de arduas labores diplomáticas, pues los diversos documentos que fueron publicando los representantes de los países miembros del Grupo (la "Declaración de Cancún", el "Documento de Objetivos", y el "Acta para la Paz y Cooperación") incluyen principios de democracia en el sentido occidental de la palabra que pueden resultar incómodos para el régimen sandinista o que, por lo menos, implicarían dificultades en su ejecución durante las primeras etapas de la revolución. Nicaragua, hoy por hoy, es uno de los más leales soportes del Grupo de Contadora, como quiera que fue el primer país en ofrecer su firma al borrador del "Acta para la Paz", terminado en septiembre de 1984. Este es un logro significativo de la gestión de Contadora, pues le da credibilidad a la posibilidad de que se alcancen hechos concretos.

En segundo lugar, la iniciativa diplomática obtuvo una gran difusión de las tesis de Colombia, México, Panamá y Venezuela. En los Estados Unidos, por ejemplo, se demostró que existía una alternativa diferente a la aproximación de la Casa Blanca, la cual para Contadora resulta excesivamente militarista. Los opositores a la política de la administración Reagan en América Central tuvieron una propuesta concreta para formular (apoyamos a Contadora) aunque tal apoyo apenas se haya reducido al campo retórico. Algunos congresistas, sin embargo, y todos los precandidatos demócratas que participaron en la lucha por la nominación de su partido, apoyaron públicamente la labor del Grupo abriendo así una pequeña posibilidad de que se adoptara un modelo de política exterior para la región que estuviera más acorde con sus ideales. Lo cual, por obvias razones, favorecía la causa.

En tercer término, las reuniones de los Cancilleres de Colombia, México, Panamá y Venezuela en la isla Contadora frecuentemente contribuyeron a enfriar tensiones existentes entre Nicaragua y Costa Rica, de una parte, y Nicaragua y Honduras, de otra. Tales tensiones surgieron de la existencia de grupos subversivos contra el régimen sandinista que se localizan en los países colindantes con Nicaragua, afectando en consecuencia las respectivas relaciones bilaterales.

Las reuniones de los Cancilleres, que con frecuencia se llevaron a cabo con representantes de los países centroamericanos envueltos en el conflicto, sirvieron de arena para discusiones que si bien se alejaron de su objetivo inicial, definitivamente contribuyeron a la distensión que eventualmente pudo llevar a una guerra entre estados. Paralelamente, el Grupo contribuyó a dicha distensión también en el terreno práctico. El 21 de mayo de 1983, una Comisión observadora de los cuatros países recorrió la frontera entre Nicaragua y Costa Rica para verificar la realidad de los reclamos nicaraguenses. Posteriormente, la quinta reunión de Ministros de Relaciones del Grupo de Contadora (y segunda con los de los países centroamericanos) le dio pleno respaldo a las recomendaciones de la Comisión. Haciendo alusión a esta y otras acciones llevadas a cabo por el Grupo, algunos observadores han anotado, en afirmación que aún está por demostrarse, que el Grupo de Contadora ha evitado una guerra. Lo que sí es un hecho, sinembargo, es que ha contribuido al relajamiento de tensiones.

En cuarto lugar, las labores llevadas a cabo por el Grupo de Contadora han conducido a un incremento en el costo político del uso de la fuerza en la región. Aún en el caso de la intervención militar de los Estados Unidos en Granada (de bajo costo por otras razones) la opinión mundial y algunos sectores de la opinión doméstica en los Estados Unidos se opusieron con decisión. Una acción similar en Nicaragua o en el Salvador, de los que se ha hablado sin mucho fundamento pero con bastante frecuencia, resultaría mucho más costosa y Contadora, al ofrecer una alternativa a la fuerza para solucionar el conflicto, ha contribuido a que lo sea. Este es un objetivo de gran significado para los cuatro países, como quiera que la desmilitarización del conflicto es uno de sus primeros propósitos.

Finalmente, la existencia de la iniciativa de paz estimulada por Colombia, México, Panamá y Venezuela, ha permitido que algunos de ellos hayan obtenido el cumplimiento de objetivos domésticos que están ligados a sus políticas exteriores.

A México, por ejemplo, Contadora le sirvió para apoyar en un proceso de diplomacia multilateral una política externa que se encontraba debilitada por la crisis de deuda externa que estalló en agosto de 1982. Tradicionalmente una nación de gran consecuencia en su política externa (de retórica anti-americana pero de incapacidad para ejecutar acciones concretas) México pasó al terreno de los hechos en Centroamérica luego de convertirse en el cuarto exportador mundial de petróleo. Su decisiva participación en el resultado final de la lucha sandinista contra Somoza es una muestra de ello.

Sinembargo, al estallar la crisis de 1982, tales acciones se debilitaron. Contadora, en consecuencia, le permitió regresar a un modelo más cercano al tradicional, el cual le permite cooptar a las élites intelectuales y a los grupos de izquierda con una retórica externa progresista y anti-estadounidense.

En Colombia, por su parte, se ha repetido hasta la saciedad que pocas veces ha habido tanta concordancia entre la política exterior y la situación doméstica como en los actuales momentos. Luego de heredar una nación unánimemente en apoyo de una campaña por la paz doméstica, el Presidente Belisario Betancur buscó la desactivación del conflicto centroamericano a través de Contadora y de las batallas con grupos guerrilleros a través de negociaciones con ellos. Buscaba así evitar una regionalización del conflicto militar que hubiera cobijado a Colombia.

A su vez, Contadora ayuda a alcanzar la paz interna por lo menos en dos aspectos: uno, al darle credibilidad al proceso por parte de los grupos subversivos. Y otro, al detener la eventual conexión de los guerrilleros con la Habana.

Aunque dicho impacto es difícil de demostrar, por lo menos en una dimensión apreciable, las buenas e informales relaciones de Colombia con Cuba sirvieron para que un grupo subversivo liberara al hermano del Presidente de Colombia en diciembre de 1983, luego de una decidida intervención del Jefe del Estado cubano.

Así, el balance de Contadora arroja el cumplimiento de algunos objetivos importantes a pesar de que igualmente muestre la imposibilidad de que una paz como la que busca llegue alguna vez a consolidarse. Los acontecimientos de los últimos meses demuestran que la diferencia de percepción de la crisis centroamericana que existe con respecto a la Casa Blanca ha llevado a que cuando Contadora actúa en el plano de los hechos para buscar la firma final de su "Acta", Washington responde en igual terreno para evitarla.

En septiembre de 1984, por ejemplo, los países de Contadora entregan el borrador del "Acta para la Paz y Cooperación" a las naciones centroamericanas, con el fin de que ellas realizaran los comentarios que desearan antes del 15 de octubre. Ante ese hecho concreto, los Estados Unidos respondieron con un plan destinado a que El Salvador, Honduras y Costa Rica, objetaran el Acta y se pronunciaran en favor de un plan alternativo que estuviera más cerca de los objetivos de la política exterior de la administración Reagan hacia la región.

Un documento preparado en secreto para el Consejo Nacional de Seguridad de los Estados Unidos, y publicado por el diario "Washington Post", puso al descubierto los detalles del plan mencionado. Buscaba la coordinación de estos tres países, y de Guatemala (pero abrigaba dudas de que este "funcionara"), para obstaculizar el Acta de Contadora y restarle legitimidad a las elecciones presidenciales del 4 de noviembre en Nicaragua.

La respuesta de Contadora fue introducir los cambios sugeridos por los Estados Unidos, que enfatizan una mayor precisión en los compromisos y una mayor eficacia de los mecanismos de verificación de los acuerdos, lo cual a su vez fue contestado por Costa Rica y El Salvador con una negativa a la firma que se había programado para el 14 de febrero. En esta ocasión, un incidente con un refugiado nicaraguense en la Embajada de Costa Rica sirvió de pretexto para la obstaculización del proceso de paz.

El balance de los primeros dos años, igual que sus perspectivas hacia el futuro inmediato, está determinado entonces por la imposibilidad de cumplir el objetivo original buscado con su creación: la firma de una paz negociada dentro de su propia concepción de la problemática centroamericana, y al mismo tiempo, por la obtención de triunfos alternativos que, si bien son más modestos que el objetivo "oficial", son suficientemente importantes como para justificar la existencia del Grupo de Contadora.

Anexo
Participantes

FERNANDO CEPEDA ULLOA: Decano Facultad de Derecho, Universidad de Los Andes. Experto en Ciencia Política y Relaciones Internacionales. Fundador del Departamento de Ciencia Política de la Universidad de Los Andes.

GERHARD DREKONJA: Experto en Política Internacional y América Latina. Dirige el "Consejo Europeo de Investigaciones Sociales sobre América Latina". Igualmente, el profesor DREKONJA es miembro del "Consejo Científico del Instituto Austriaco para la Política Internacional".

LUIS JORGE GARAY: Investigador Económico. Asesor del Ministerio de Hacienda en asuntos de política financiera y endeudamiento externo.

MARCO PALACIOS: Rector de la Universidad Nacional de Colombia.

DORA ROTHLISBERGER: Profesora y Coordinadora del área de Política Internacional del Departamento de Ciencia Política, Universidad de Los Andes.

GABRIEL SILVA: Politólogo, Universidad de Los Andes. Editor Asistente de la Revista "Estrategia Económica y Financiera".

KLAUS SCHUBERT: Director de la Fundación Friedrich Ebert de Colombia, FESCOL. (1980-1984)

ALVARO TIRADO MEJIA: Historiador, Abogado. Profesor titular de la Universidad Nacional de Colombia, Medellín. Presidente del Centro de Estudios de la Realidad Colombiana, CEREC.

JUAN GABRIEL TOKATLIAN: Experto en Política Internacional y Relaciones Exteriores. Ex-Coordinador del Centro de Estudios Internacionales de la Universidad de Los Andes.

OTRAS PUBLICACIONES
FONDO EDITORIAL CEREC

SERIE POLITICA INTERNACIONAL

- Teoría y Práctica de la Política Exterior Latinoamericana
  Gerhard Drekonja - Juan G. Tokatlian
  (Coeditor: C.E.I. Uniandes)

- Retos de la Política Exterior Colombiana
  Gerhard Drekonja

- Cuba - Estados Unidos. Dos Enfoques
  Juan G. Tokatlian - Compilación

- Política Exterior ¿Continuidad o Ruptura?
  Ponencia de un debate
  Gabriel Silva L. (Coedita: C. E. J. Uniandes)

SERIE TEXTOS

- Evaluación de la Asesoría Económica a los Países en Desarrollo
  - El Caso Colombiano
  Lauchlin Currie

- Crisis Mundial, Protección e Industrialización. Ensayos de
  Historia Económica Colombiana
  José Antonio Ocampo - Santiago Montenegro

- La Economía Colombiana en la Década de los 70
  Jesús Antonio Bejarano

- Funcionamiento y Control de una Economía en Desequilibrio
  Eduardo Sarmiento Palacio (Coeditor: Contraloría General de
  la República)